DU MÊME AUTEUR

Aux Éditions Gallimard

LA PLACE DE L'ÉTOILE, *roman*. Nouvelle édition revue et corrigée en 1995 (« Folio », *n° 698*).

LA RONDE DE NUIT, *roman* (« Folio », *n° 835*).

LES BOULEVARDS DE CEINTURE, *roman* (« Folio », *n° 1033*).

VILLA TRISTE, *roman* (« Folio », *n° 953*).

EMMANUEL BERL, INTERROGATOIRE *suivi de* IL FAIT BEAU ALLONS AU CIMETIÈRE. *Interview, préface et postface de Patrick Modiano* (« Témoins »).

LIVRET DE FAMILLE (« Folio », *n° 1293*).

RUE DES BOUTIQUES OBSCURES, *roman* (« Folio », *n° 1358*).

UNE JEUNESSE, *roman* (« Folio », *n° 1629*; « Folio Plus », *n° 5*, avec notes et dossier par Marie-Anne Macé).

DE SI BRAVES GARÇONS (« Folio », *n° 1811*).

QUARTIER PERDU, *roman* (« Folio », *n° 1942*).

DIMANCHES D'AOÛT, *roman* (« Folio », *n° 2042*).

UNE AVENTURE DE CHOURA, *illustrations de Dominique Zehrfuss* (« Albums Jeunesse »).

UNE FIANCÉE POUR CHOURA, *illustrations de Dominique Zehrfuss* (« Albums Jeunesse »).

VESTIAIRE DE L'ENFANCE, *roman* (« Folio », *n° 2253*).

VOYAGE DE NOCES, *roman* (« Folio », *n° 2330*).

UN CIRQUE PASSE, *roman* (« Folio », *n° 2628*).

DU PLUS LOIN DE L'OUBLI, *roman* (« Folio », *n° 3005*).

DORA BRUDER (« Folio », *n° 3181*; « La Bibliothèque Gallimard », *n° 144*).

DES INCONNUES (« Folio », *n° 3408*).

LA PETITE BIJOU, *roman* (« Folio », *n° 3766*).

ACCIDENT NOCTURNE, *roman* (« Folio », *n° 4184*).

UN PEDIGREE (« Folio », *n° 4377*).

TROIS NOUVELLES CONTEMPORAINES, *avec Marie NDiaye et Alain Spiess*, lecture accompagnée par Françoise Spiess (« La Bibliothèque Gallimard », *n° 174*).

Suite des œuvres de Patrick Modiano en fin de volume.

SOUVENIRS DORMANTS

PATRICK MODIANO

SOUVENIRS DORMANTS

nrf

GALLIMARD

Il a été tiré de l'édition originale de cet ouvrage
cent soixante exemplaires sur vélin rivoli
des papeteries Arjowiggins numérotés de 1 *à* 160.

Un jour, sur les quais, le titre d'un livre a retenu mon attention, *Le Temps des rencontres*. Pour moi aussi, il y a eu un temps des rencontres, dans un passé lointain. À cette époque, j'avais souvent peur du vide. Je n'éprouvais pas ce vertige quand j'étais seul, mais avec certaines personnes dont justement je venais de faire la rencontre. Je me disais pour me rassurer : il se présentera bien une occasion de leur fausser compagnie. Quelques-unes de ces personnes, vous ne saviez pas jusqu'où elles risquaient de vous entraîner. La pente était glissante.

Je pourrais d'abord évoquer les dimanches soir. Ils me causaient de l'appréhension, comme à tous ceux qui ont connu les retours au pensionnat, l'hiver, en fin d'après-midi, à l'heure où le jour tombe. Ensuite, cela les poursuit dans leurs rêves, parfois pendant toute leur vie. Le dimanche soir, quelques personnes se réunissaient dans l'appartement de Martine Hayward, et moi je me trouvais parmi ces gens-là. J'avais vingt ans et je ne me sentais pas tout à fait à ma place. Un sentiment de culpabilité me reprenait, comme si j'étais encore un collégien : au lieu de rentrer au pensionnat, j'avais fait une fugue.

Dois-je vraiment parler tout de suite de Martine Hayward et des quelques individus disparates qui l'entouraient, ces soirs-là ? Ou bien suivre l'ordre chronologique ? Je ne sais plus.

Vers quatorze ans, je m'étais habitué à marcher seul dans les rues, les jours de congé, quand le car du collège nous avait déposés à la Porte d'Orléans. Mes parents étaient absents, mon père occupé à ses affaires, tandis que ma mère jouait une pièce dans un théâtre de Pigalle. J'ai découvert cette année-là – 1959 – ce quartier de Pigalle, le samedi soir, pendant que ma mère était sur scène, et j'y suis souvent retourné les dix années suivantes. Je donnerai d'autres détails là-dessus si j'en ai le courage.

Au début, j'avais peur de marcher seul mais, pour me rassurer, je suivais chaque fois le même itinéraire : rue Fontaine, place Blanche, place Pigalle, rue Frochot et rue Victor-Massé jusqu'à la Boulangerie, au coin de la rue Pigalle, un drôle d'endroit qui restait ouvert toute la nuit, et où j'achetais un croissant.

La même année et le même hiver, les samedis où je n'étais pas au collège, je faisais le guet rue Spontini devant l'immeuble où habitait celle dont j'ai oublié le prénom et que j'appellerai « la fille de Stioppa ». Je ne la connaissais pas, j'avais appris son adresse par Stioppa lui-même, au cours de l'une de ces promenades où m'entraînaient mon père et Stioppa, les dimanches au bois de Boulogne. Stioppa était un Russe, ami de mon père, qu'il voyait souvent. De haute taille, les cheveux bruns et brillants. Il portait un vieux manteau avec un col en fourrure. Il avait eu des revers de fortune. Nous le raccompagnions, vers six heures du soir, jusqu'à une pension de famille où il habitait. Il m'avait dit que sa fille avait mon âge et que je pourrais entrer en contact avec elle. Apparemment, il ne la voyait plus, puisqu'elle vivait avec sa mère et le nouveau mari de celle-ci.

Les samedis après-midi de cet hiver-là, avant d'aller rejoindre ma mère à Pigalle, dans sa loge de théâtre, je me postais devant l'immeuble de la rue Spontini en attendant que la porte cochère vitrée à ferronneries noires s'ouvre et qu'apparaisse une fille de mon âge, « la fille de Stioppa ». J'avais la certitude qu'elle serait seule, qu'elle marcherait à ma rencontre et qu'il serait naturel de l'aborder. Mais elle n'est jamais sortie de l'immeuble.

Stioppa m'avait communiqué son numéro de téléphone. On a décroché. J'ai dit : « Je voudrais parler à la fille de Stioppa. » Un silence. Je me suis présenté comme « le fils d'un ami de Stioppa ». Sa voix était claire et amicale, comme si nous nous connaissions depuis longtemps. « Rappelle-moi la semaine prochaine, m'a-t-elle dit. Nous nous donnerons rendez-vous. C'est compliqué... Je n'habite pas chez mon père... Je t'expliquerai tout... » Mais la semaine suivante et les autres semaines de cet hiver-là, les sonneries de téléphone se succédaient sans que personne ne réponde. Deux ou trois fois, le samedi, avant de prendre le métro pour Pigalle, j'ai encore fait le guet devant l'immeuble de la rue Spontini. En vain. J'aurais pu sonner à la porte de l'appartement mais, comme pour le téléphone, j'étais sûr que personne ne répondrait. Et puis, à partir de ce printemps-là, il n'y a plus jamais eu de promenade au bois de Boulogne avec Stioppa. Ni avec mon père.

J'ai longtemps été persuadé que l'on ne pouvait faire de vraies rencontres que dans la rue. Voilà pourquoi j'attendais la fille de Stioppa sur le trottoir, en face de son immeuble, sans la connaître. « Je t'expliquerai tout », m'avait-elle dit au téléphone. Quelques jours encore, une voix de plus en plus lointaine prononçait cette phrase dans mes rêves. Oui, si j'avais voulu la rencontrer, c'est que j'espérais qu'elle me donnerait des « explications ». Peut-être m'aideraient-elles à mieux comprendre mon père, un inconnu qui marchait en silence à mes côtés, le long des allées du bois de Boulogne. Elle, la fille de Stioppa, et moi, le fils de l'ami de Stioppa, nous avions certainement des points communs. Et j'étais sûr qu'elle en savait un peu plus long que moi.

À la même époque, derrière la porte entrouverte de son bureau, mon père parlait au téléphone. Quelques mots de lui m'avaient intrigué : « la bande des Russes du marché noir ». Près de quarante ans plus tard, je suis tombé sur une liste de noms russes, ceux de gros trafiquants de marché noir à Paris pendant l'occupation allemande. Schaposchnikoff, Kourilo, Stamoglou, baron Wolf, Metchersky, Djaparidzé... Stioppa se trouvait-il parmi eux ? Et mon père, sous une fausse identité russe ? Je me suis posé une dernière fois ces questions avant qu'elles ne se perdent sans réponses dans la nuit des temps.

Vers dix-sept ans, j'ai rencontré une femme, Mireille Ourousov, qui portait elle aussi un nom russe, celui de son mari, Eddie Ourousov, surnommé « le Consul », avec qui elle vivait en Espagne du côté de Torremolinos. Elle était française, originaire des Landes. Les dunes, les pins, les plages désertes de l'Atlantique, un jour ensoleillé de septembre... Pourtant, je l'avais connue à Paris, l'hiver 1962. J'avais quitté mon collège de Haute-Savoie avec trente-neuf de fièvre, pris un train pour Paris, et échoué, vers minuit, dans l'appartement de ma mère. Elle était absente et elle avait confié la clé à Mireille Ourousov, qui habitait là pour quelques semaines, avant de retourner en Espagne. Quand j'avais sonné, c'était elle qui m'avait ouvert. L'appartement semblait abandonné. Plus aucun meuble, sauf une table de bridge et deux chaises de jardin dans l'entrée, un grand lit au milieu de la chambre qui donnait sur le quai et, dans la chambre voisine où je dormais au temps de mon enfance, une table, des coupons de tissus et un mannequin de couturière, des robes et des vêtements divers suspendus à des cintres. Le lustre répandait une lumière voilée, car la plupart des ampoules étaient mortes.

Un étrange mois de février avec cette lumière voilée dans l'appartement, et les attentats de l'OAS. Mireille Ourousov revenait des sports d'hiver et me montrait des photos d'elle et de ses amis au balcon d'un chalet. Sur l'une de ces photos, elle se trouvait en compagnie d'un acteur nommé Gérard Blain. Elle me disait qu'il avait fait du cinéma dès l'âge de douze ans, sans la permission de ses parents, parce qu'il était un enfant livré à lui-même. Plus tard, quand je l'ai vu dans certains films, il me semblait qu'il n'avait jamais cessé de marcher, les mains dans les poches, la tête légèrement rentrée dans les épaules, comme s'il voulait se protéger de la pluie. Je passais la plupart de mes journées avec Mireille Ourousov. Nous ne prenions pas souvent nos repas dans l'appartement. Le gaz était coupé et il fallait faire la cuisine sur un réchaud à alcool. Pas de chauffage. Mais il restait encore quelques bûches dans la cheminée de la chambre. Un matin, nous sommes allés du côté de l'Odéon régler une note d'électricité vieille de deux mois pour ne pas nous éclairer aux bougies dans les jours à venir. Nous sortions presque chaque soir. Elle m'emmenait vers minuit, tout près de l'appartement, dans un cabaret de la rue des Saints-Pères, alors que le spectacle était fini depuis longtemps. Il restait quelques clients au bar du rez-de-chaussée qui semblaient tous se connaître et se parlaient à voix basse. Nous y retrouvions un ami à elle, un certain Jacques de Bavière (ou Debavière), un blond à l'allure sportive dont elle m'avait dit qu'il était « journaliste » et qu'il faisait « des allers-retours entre Paris et Alger ». Je suppose que lorsqu'elle s'absentait quelquefois la nuit c'était pour rejoindre ce Jacques de Bavière (ou Debavière), qui habitait un studio avenue Paul-Doumer. Je l'y ai accompagnée un après-midi parce qu'elle avait oublié dans ce studio sa montre-bracelet. Jacques de Bavière était absent. À deux ou trois reprises, il nous avait invités dans un restaurant des Champs-Élysées, rue Washington, La Rose des sables. Beaucoup plus tard, j'ai appris que le cabaret, rue des Saints-Pères, et La Rose des sables étaient fréquentés à cette époque par des membres d'une police parallèle liée à la guerre d'Algérie. Et je me suis demandé, à cause d'une telle coïncidence, si Jacques de Bavière (ou Debavière) ne faisait pas partie de cette organisation. Un autre hiver, dans les années soixante-dix, vers six heures du soir, j'ai vu sortir de la bouche du métro George-V, au moment où je m'y engageais, un homme en qui j'ai cru reconnaître, un peu vieilli, Jacques de Bavière. J'ai fait demi-tour et j'ai marché derrière lui en me disant qu'il fallait l'aborder pour savoir ce qu'était devenue Mireille Ourousov. Vivait-elle encore à Torremolinos avec son mari, Eddie, « le Consul » ? Il descendait vers le Rond-Point et il boitait légèrement. Je me suis arrêté à la hauteur de la terrasse du café Marignan et je l'ai suivi du regard jusqu'à ce qu'il se perde dans la foule. Pourquoi ne l'ai-je pas abordé ? Et m'aurait-il reconnu ? Je ne peux pas répondre à ces questions.

Paris, pour moi, est semé de fantômes, aussi nombreux que les stations de métro et tous leurs points lumineux, quand il vous arrivait d'appuyer sur les boutons du tableau des correspondances.

Nous prenions souvent le métro, Mireille Ourousov et moi, à la station Louvre, pour aller dans les quartiers de l'ouest où elle rendait visite à des amis dont j'ai oublié les visages. Ce qui demeure précis dans mon souvenir, c'est la traversée du pont des Arts que je faisais avec elle, puis de la place devant l'église Saint-Germain-l'Auxerrois, et quelquefois la traversée de la cour du Louvre avec, tout au fond, la lumière jaune du poste de police, cette même lumière voilée qui éclairait l'appartement. Dans mon ancienne chambre, des livres sur les rayonnages, près de la grande fenêtre de droite, et je me demande aujourd'hui par quel miracle ils étaient restés là, oubliés, alors que tout avait disparu. Des livres que ma mère lisait quand elle était arrivée à Paris en 1942 : romans de Hans Fallada, livres en flamand, et puis des volumes de la Bibliothèque verte qui avaient été les miens : *Le Cargo du mystère, Le Vicomte de Bragelonne...*

Là-bas, en Haute-Savoie, ils avaient fini par s'inquiéter de mon absence. Un matin, le téléphone a sonné et c'est Mireille Ourousov qui a décroché. Le chanoine Janin, supérieur du collège, désirait qu'on lui donne de mes nouvelles, car cela faisait une quinzaine de jours qu'il n'en avait plus.

Elle lui a dit que « j'étais un peu souffrant » – une mauvaise grippe – et qu'elle le tiendrait au courant de la date exacte à laquelle « j'effectuerais mon retour ».

Je lui ai posé franchement la question : est-ce que je pouvais partir avec elle en Espagne ? Il fallait une autorisation écrite de ses parents pour franchir les frontières si l'on était mineur. Et le fait que je n'avais pas atteint l'âge de la majorité paraissait soudain préoccuper beaucoup Mireille Ourousov, au point qu'elle se proposait de demander son avis là-dessus à Jacques de Bavière.

Le moment de la journée que je préférais, c'était à Paris l'hiver entre six heures et huit heures et demie du matin, quand il faisait encore nuit. Un répit avant le lever du jour. Le temps était en suspens et l'on se sentait plus léger que d'habitude.

J'ai fréquenté différents cafés de Paris à l'heure où ils ouvraient leurs portes aux premiers clients. L'hiver 1964, dans l'un de ces cafés de l'aube – comme je les appelais – où tous les espoirs étaient permis tant qu'il ferait encore nuit, je retrouvais une certaine Geneviève Dalame.

Le café occupait le rez-de-chaussée de l'une de ces maisons basses, vers la fin du boulevard de la Gare, dans le treizième arrondissement. Aujourd'hui, le boulevard a changé de nom et les maisons et les petits immeubles, côté numéros impairs, avant la place d'Italie, ont été détruits. De temps en temps, il me semble que le café s'appelait Le Bar vert, à d'autres moments, ce souvenir s'estompe, comme les mots que vous venez d'entendre dans un rêve et qui vous échappent au réveil.

Geneviève Dalame était toujours la première arrivée et, quand j'entrais dans le café, je la voyais assise à la même table, celle du fond, la tête penchée sur un livre ouvert. Elle m'avait dit qu'elle dormait à peine quatre heures par nuit. Elle travaillait comme secrétaire aux Studios Polydor, un peu plus bas sur le boulevard, et voilà pourquoi nous nous retrouvions dans ce café, avant qu'elle se rende à son bureau. Je l'avais rencontrée dans une librairie de sciences occultes de la rue Geoffroy-Saint-Hilaire. Elle s'intéressait beaucoup à ces sciences-là. Moi aussi. Et ce n'était pas pour me plier à une doctrine ou devenir le disciple d'un gourou, mais simplement par goût du mystère.

À la sortie de la librairie, le jour était tombé. Et à cette heure-là, en hiver, c'était la même sensation de légèreté que très tôt le matin quand il faisait encore nuit. Désormais, le cinquième arrondissement, dans toutes ses différentes zones et sa lointaine banlieue du boulevard de la Gare, resterait lié pour moi à Geneviève Dalame.

Vers huit heures et demie, nous marchions jusqu'à son bureau le long du terre-plein, là où passe le métro aérien. Je lui avais posé des questions sur les Studios Polydor. Je venais de réussir un examen en qualité de « parolier » à la Société des auteurs, compositeurs et éditeurs de musique, et j'avais besoin d'un « parrain » pour m'y inscrire. Un certain Emil Stern, auteur de chansons, chef d'orchestre et pianiste, avait accepté de tenir ce rôle. Il avait dirigé les premiers enregistrements d'Édith Piaf, vingt-cinq ans auparavant, aux

Studios Polydor. J'ai demandé à Geneviève Dalame si les archives des Studios Polydor gardaient trace de cela. Un matin, au café, elle m'a tendu une enveloppe qui contenait les anciennes fiches d'enregistrements d'Édith Piaf, dirigés par mon « parrain », Emil Stern. Elle paraissait assez troublée d'avoir commis ce vol pour moi.

Au début, elle hésitait à me dire où elle habitait exactement. Quand je lui avais posé la question, elle m'avait répondu : « À l'hôtel. » Nous nous connaissions depuis deux semaines et, un soir où je lui avais offert le *Dictionnaire pratique des sciences occultes* de Marianne Verneuil et un roman où il était question d'ésotérisme, *À la mémoire d'un Ange*, elle m'a proposé de la raccompagner jusqu'à cet hôtel.

Il se trouvait au bas de la rue Monge, à la lisière des Gobelins et du treizième arrondissement. Près d'un demi-siècle a passé et l'on n'habite plus dans des chambres d'hôtel à Paris comme on le faisait souvent après la guerre et jusqu'aux années soixante. Geneviève Dalame aura été la dernière personne que j'ai connue à habiter dans une chambre d'hôtel. Il me semble aussi qu'au cours de ces années 1963, 1964, le vieux monde retenait une dernière fois son souffle avant de s'écrouler, comme toutes ces maisons et tous ces immeubles des faubourgs et de la périphérie que l'on s'apprêtait à détruire. Il nous aura été donné, à nous qui étions très jeunes, de vivre encore quelques mois dans les anciens décors. À l'hôtel de la rue Monge, je me souviens de l'interrupteur en forme de poire, sur la table de nuit, et du rideau noir que tirait chaque fois d'un geste brusque Geneviève Dalame, un rideau de la défense passive que l'on n'avait pas changé depuis la guerre.

Elle m'a présenté à son frère quelques semaines après que nous avions fait connaissance, un frère dont elle ne m'avait jamais parlé jusque-là. À deux ou trois reprises, j'avais essayé d'en savoir plus long sur sa famille, mais je sentais chez elle une réticence à me répondre, et je n'avais pas insisté.

Un matin, je suis entré au café du boulevard de la Gare et elle se tenait à la table habituelle en compagnie d'un brun de notre âge qui lui faisait face. Je me suis assis sur la banquette, à côté d'elle. Il portait un blouson à fermeture Éclair rembourré aux épaules et dont on aurait dit qu'il était en fourrure de léopard. Il m'a souri et a commandé un grog d'une voix claironnante, comme s'il était un habitué de l'endroit.

Geneviève Dalame m'a dit : « C'est mon frère », et j'ai compris, à son air gêné, qu'il était venu la retrouver à l'improviste.

Il m'a demandé « ce que je faisais dans la vie » et je lui ai répondu de manière évasive. Puis, comme si ce renseignement pouvait lui être utile, il m'a posé une question qui m'a surpris : « Vous habitez Paris ? » J'ai pensé qu'il n'avait pas toujours habité Paris. Geneviève Dalame m'avait dit qu'elle était née dans une ville des Vosges dont je ne sais plus si c'était Épinal ou Saint-Dié. Je l'imaginais, lui, vers onze heures du soir, à la table d'un café de l'une de ces deux villes, un café près de la gare, le seul encore ouvert. Il portait sans doute le même blouson trop large, en faux léopard, et ce blouson, tout à fait anodin dans une rue parisienne, devait, là-bas, attirer l'attention sur lui. Il était assis seul, le regard vague, devant un bock, pendant que se jouait la dernière partie de billard.

Il a voulu accompagner Geneviève Dalame à son bureau, et nous avons longé le terre-plein du boulevard. Elle semblait de plus en plus mal à l'aise en sa présence, l'air de vouloir se débarrasser de lui. Mon impression s'est confirmée quand il lui a demandé si elle habitait toujours l'hôtel de la rue Monge. « Je vais le quitter la semaine prochaine, lui a-t-elle dit. J'ai trouvé un autre hôtel, du côté d'Auteuil. » Il a insisté pour avoir l'adresse. Elle lui a donné un numéro, rue Michel-Ange, comme si elle avait prévu qu'il lui poserait cette question. Il a sorti de la poche intérieure de son blouson un carnet relié de cuir noir, et il a noté l'adresse. Puis elle nous a laissés devant la porte des Studios Polydor en me disant : « À tout à l'heure », avec un léger mouvement de la tête, en signe de connivence.

Je me suis donc retrouvé seul avec cet individu en

blouson léopard. « Vous voulez que nous prenions un verre ? » m'a-t-il dit d'un ton péremptoire. La neige avait commencé à tomber en flocons très mouillés, presque des gouttes de pluie. « Je n'ai pas le temps, lui ai-je dit. Je dois aller à un rendez-vous. » Mais il marchait toujours à mes côtés et j'ai eu envie de le semer en courant jusqu'à la bouche du métro Chevaleret, à quelques centaines de mètres. « Vous connaissez Geneviève depuis longtemps ? Elle ne vous embête pas trop avec ses histoires de magie et de tables tournantes ? — Pas du tout. » Il m'a demandé si j'habitais le quartier, et j'étais sûr qu'il cherchait à connaître mon adresse pour la noter sur son carnet noir. « En dehors de Paris », lui ai-je dit. Et j'avais un peu honte de ce mensonge. « À Saint-Cloud. » Il a sorti son carnet noir. J'ai dû inventer une adresse, une avenue Anatole-France ou Romain-Rolland. « Et vous avez le téléphone ? » J'ai hésité un instant sur l'indicatif et je me suis décidé pour « Val-d'Or » suivi de quatre chiffres. Il l'a noté scrupuleusement. « Je veux m'inscrire dans un cours d'art dramatique. Vous en connaissez un ? » Il me fixait d'un regard insistant. « On m'a dit que j'avais le physique pour ça. » Il était grand, les traits du visage assez réguliers, des boucles noires. « Vous savez, lui ai-je répondu, à Paris, des cours d'art dramatique, il y en a à la pelle. » Il a paru surpris, sans doute à cause de l'expression : « à la pelle ». Il a remonté la fermeture Éclair de son blouson de faux léopard jusqu'au menton et relevé le col pour se protéger de la neige qui tombait plus fort. J'étais enfin arrivé à la hauteur de la bouche du métro. J'ai eu peur qu'il ne me suive et de ne plus pouvoir me débarrasser de lui. J'ai descendu l'escalier sans lui dire au revoir et sans me retourner et je me suis glissé sur le quai de la station à l'instant où le portillon se refermait.

Geneviève Dalame ne s'est pas étonnée de l'attitude que j'avais eue avec son frère. Après tout, ne lui avait-elle pas donné elle-même une fausse adresse d'hôtel ? Elle m'a expliqué qu'il était venu dans le café pour lui demander de l'argent. Bien sûr, il connaissait ce café que nous fréquentions très tôt le matin et son lieu de travail, mais elle m'a dit que l'on se débarrasse facilement des gens. Je ne partageais pas son optimisme. Elle a ajouté, d'une voix très calme, que son frère finirait par retourner dans les Vosges et y vivre de « petites combines » – c'est l'expression qu'elle a employée – comme il l'avait toujours fait. Les jours ont passé sans que nous ayons des nouvelles de lui. Oui, peut-être était-il retourné dans les Vosges.

Pendant quelque temps j'imaginais ce frère de Geneviève Dalame entrer dans une cabine téléphonique et composer le numéro Val-d'Or et quatre chiffres sans que personne ne réponde. Ou bien, il entendait la phrase : « Vous faites erreur, monsieur », qui tombait comme un couperet. Et je le voyais aussi prenant le métro, puis traversant la Seine jusqu'à Saint-Cloud, vêtu de son blouson en faux léopard. L'hiver avait été assez rude cette année-là et, le col relevé, il marchait à la recherche d'une avenue qui n'existait pas. Et cela pour l'éternité.

Geneviève Dalame rendait régulièrement visite à une femme qu'elle considérait comme une amie et qui, d'après elle, connaissait très bien les sciences occultes. Elle lui avait parlé de notre rencontre et lui avait dit que je lui avais offert le *Dictionnaire* de Marianne Verneuil et le roman intitulé *À la mémoire d'un Ange.* Un jour, elle m'a proposé de l'accompagner chez cette Madeleine Péraud dont j'ai eu du mal à me rappeler le nom. Mais, avec un peu de bonne volonté, ils vous reviennent à la mémoire, ces noms qui demeuraient dans votre esprit sous une légère couche de neige et d'oubli. Oui, Madeleine Péraud. Mais je me trompe peut-être sur le prénom.

Elle habitait au début de la rue du Val-de-Grâce, au numéro 9. Depuis, je suis souvent passé devant la grille qui donne accès à un jardin entouré de trois façades d'immeubles avec de grandes fenêtres. Je me suis même retrouvé là, par hasard, il y a quinze jours. Et c'était à l'heure où nous franchissions la grille, Geneviève Dalame et moi. Cinq heures du soir en hiver, quand la nuit tombait et que l'on voyait déjà de la lumière aux fenêtres. J'ai eu la certitude que j'étais revenu dans le passé par un phénomène que l'on pourrait appeler l'éternel retour ou, simplement, que pour moi le temps s'était arrêté à une certaine période de ma vie.

Madeleine Péraud était une brune d'environ quarante ans, les cheveux en chignon, les yeux clairs, le port de tête et la démarche d'une ancienne danseuse. Comment Geneviève Dalame l'avait-elle connue ? Je crois qu'elle était d'abord allée chez elle pour des leçons de yoga, mais j'ai aussi le souvenir qu'avant de me la faire connaître Geneviève Dalame me parlait d'elle comme du « docteur Péraud ». Pratiquait-elle la médecine ? Tout cela remonte à une cinquantaine d'années, et je dois dire que pendant ce demi-siècle je ne me suis pas beaucoup posé de questions sur tous ces gens que j'avais croisés. De brèves rencontres.

À partir du jour où elle me l'a présentée, je l'ai accompagnée plusieurs fois chez Madeleine Péraud à cinq heures du soir – et le jeudi. Elle nous guidait en silence le long d'un couloir, jusqu'au salon. Les deux grandes fenêtres donnaient sur le jardin et nous nous asseyions, Geneviève Dalame et moi, sur le canapé rouge, en face des fenêtres, Madeleine Péraud, sur un pouf, les jambes croisées, le dos très droit. À notre première rencontre, elle m'a demandé de sa voix basse, presque rauque, si je faisais des études, et je lui ai dit la vérité : « Non, pas d'études. » Je m'étais inscrit à la Sorbonne juste pour prolonger mon sursis militaire, mais je n'assistais jamais aux cours. J'étais un étudiant fantôme. Elle a voulu savoir si j'avais un travail, et je lui ai dit que je gagnais à peu près ma vie en travaillant pour certains libraires, ce qu'on pourrait appeler, bien que ce terme de commerce ne me plaise pas beaucoup, « du courtage de livres ». Et j'étais membre de la Société des auteurs, compositeurs et éditeurs de musique dans le but d'écrire des paroles de chansons. Voilà. « Et vos parents ? » Je me suis brusquement rendu compte qu'à mon âge j'aurais pu avoir des parents qui m'auraient apporté une aide morale, affective ou matérielle. Mais non, pas de parents. Et cette réponse était si laconique qu'elle n'a pas voulu en apprendre plus sur un éventuel entourage familial. C'était la première fois que je répondais de manière spontanée à des questions me concernant. Jusque-là, je les évitais, car j'éprouvais une méfiance naturelle pour toutes formes d'interrogatoire. Peut-être m'étais-je laissé aller ce soir-là à cause du regard et de la voix de Madeleine Péraud, qui vous communiquaient une sorte d'apaisement, la sensation qu'une personne vous écoutait, ce dont je n'avais pas l'habitude. Elle posait de bonnes questions, comme un acupuncteur connaît les endroits précis où il faut piquer les aiguilles. Et d'ailleurs, Geneviève Dalame ne l'avait-elle pas appelée à plusieurs reprises « le docteur Péraud » ? Et puis, il y avait aussi le calme de ce salon, les deux grandes fenêtres donnant sur le jardin, l'éclairage du lampadaire entre les fenêtres, qui laissait des zones de pénombre. À cause du silence, vous vous demandiez si vous étiez vraiment à Paris. Je passais la plupart de mes journées dehors, dans les rues et dans les lieux publics, cafés, métro, chambres d'hôtel, salles de cinéma. Et l'appartement du « docteur Péraud » contrastait avec tout cela, surtout en hiver, les hivers du début des années soixante, qui me semblent avoir été beaucoup plus rigoureux que ceux d'aujourd'hui. J'avoue qu'à ma première visite chez le « docteur Péraud » je me suis dit qu'il serait rassurant d'être à l'abri du froid et de l'hiver dans son appartement, et de répondre aux questions qu'elle me poserait d'une voix si grave et si tranquille.

Chez Madeleine Péraud, je me suis permis de jeter un œil sur les livres qui occupaient les rayonnages d'une bibliothèque basse, au fond du salon. Je lui ai dit que je ne voulais pas être indiscret mais que c'était de ma part une curiosité d'ordre « professionnel ». « Si vous trouvez des livres qui vous intéressent, prenez-les. » Elle m'encourageait d'un sourire. Il s'agissait d'ouvrages consacrés aux sciences occultes. Parmi eux, le roman que j'avais offert à Geneviève Dalame et qui datait d'une dizaine d'années : *À la mémoire d'un Ange.* « J'ai été surprise que vous connaissiez ce roman », m'a dit Madeleine Péraud, comme si ce livre lui rappelait quelque chose de précis, plus qu'une lecture, quelque chose lié à sa vie.

Je l'avais sorti de la bibliothèque et l'avais ouvert machinalement. Sur la page de garde, une dédicace : « Pour toi. En souvenir des anges. Megève. Le Mauvais Pas. Irène », d'une grande écriture à l'encre bleue. Elle s'est aperçue que j'avais lu la dédicace et elle semblait embarrassée. « Un beau roman, m'a-t-elle dit. Mais j'ai d'autres livres à vous faire lire à tous les deux. » Et elle avait prononcé cette dernière phrase sur un ton autoritaire. Un soir, elle a posé un ouvrage sur le canapé rouge entre Geneviève Dalame et moi, dont le titre était *Rencontres avec des hommes remarquables*. Ce titre et ce mot, « rencontres », aujourd'hui, après plus de cinquante ans, me font brusquement réfléchir à un détail qui, jusque-là, ne m'était pas venu à l'esprit. Je n'ai jamais cherché, comme beaucoup de gens de mon âge, à rencontrer les quatre ou cinq maîtres à penser qui régnaient en ce temps-là sur les estrades universitaires et à devenir le disciple de l'un d'eux. Pourquoi ? En ma qualité d'étudiant fantôme, il aurait été naturel que je me tourne vers un guide, car je vivais dans une certaine solitude et un certain désarroi. Le seul de ces maîtres dont je me souvienne, c'était pour l'avoir croisé une nuit, très tard, rue du Colisée. J'aurais plutôt imaginé le rencontrer dans le quartier des Écoles. J'avais été frappé par sa démarche titubante, la tristesse et l'inquiétude de son regard. Il me donnait l'impression de s'être perdu. Je l'ai pris par le bras et je l'ai guidé, comme il me le demandait, jusqu'à la station de taxis la plus proche.

J'ai deviné très vite que le « docteur Péraud » exerçait un ascendant sur Geneviève Dalame. Un soir que nous sortions de chez elle, après avoir traversé le jardin, elle m'a dit que Madeleine Péraud fréquentait un « groupe » – une sorte de société secrète – où l'on pratiquait la « magie ». Elle ne pouvait m'en parler davantage, car elle n'y comprenait pas grand-chose. Madeleine Péraud faisait allusion à ce groupe, mais toujours d'une manière vague, sans doute pour observer ses réactions à elle, Geneviève Dalame, avant d'entrer dans le vif du sujet. Mais il me semblait que Geneviève Dalame en savait plus qu'elle ne voulait me le dire, surtout quand elle a fait brusquement cette réflexion : « Tu pourrais lui en parler. » Nous longions le mur d'enceinte, avant l'église Saint-Jacques du Haut-Pas. « Oui, tu devrais lui en parler. » J'étais surpris de son insistance. « Tu la connais depuis longtemps ? lui ai-je demandé. — Pas très longtemps. J'ai fait sa connaissance un après-midi, dans un café, tout près de chez elle, en face du Val-de-Grâce. » Elle était sur le point de me donner d'autres détails, mais elle est restée silencieuse. Nous avions débouché sur cette rue très large qui borde les bâtiments modernes de l'École normale supérieure et de l'École de physique et chimie et qui vous donne l'impression d'être perdu dans une ville étrangère – Berlin, Lausanne, ou même Rome, dans le quartier du Parioli – au point que vous vous demandez si vous ne marchez pas dans un rêve, et que vous finissez par douter de votre propre identité. « Il faut vraiment que tu lui parles », a répété Geneviève Dalame, d'une voix inquiète, comme si elle me lançait un appel au secours. « Elle te mettra au courant... » Je m'apprêtais à lui demander : « Au courant de quoi ? », mais j'ai eu le sentiment qu'une question aussi spontanée allait encore augmenter sa gêne et qu'elle était véritablement sous l'emprise du « docteur Péraud ». « Mais bien sûr, je lui parlerai », et je m'efforçais de prendre un ton calme et détaché. « Dès jeudi prochain, quand nous irons la voir. Elle m'intéresse beaucoup, cette femme. Elle a l'air très intelligente. Je suis curieux d'en savoir plus. »

Nous étions arrivés devant l'entrée de son hôtel. Elle paraissait soulagée. Elle m'a souri. Je crois qu'elle m'était reconnaissante de lui avoir répondu que j'avais hâte d'en savoir plus. J'étais vraiment sincère en prononçant ces paroles. Depuis l'enfance et l'adolescence, j'éprouvais une très vive curiosité et une attirance particulière pour tout ce qui concernait les mystères de Paris.

Mais je n'ai pas attendu le jeudi suivant pour « en savoir plus ». Un matin où j'avais accompagné Geneviève Dalame de son hôtel jusqu'aux Studios Polydor, j'ai repris le métro en sens inverse et, à la sortie de la station Censier-Daubenton, j'ai marché jusqu'au Val-de-Grâce.

Je suis arrivé devant la grille et, sans hésiter, j'ai traversé le jardin. Au moment de franchir la porte de l'immeuble, j'ai pensé que j'aurais dû téléphoner à Madeleine Péraud et lui demander si elle pouvait me recevoir.

J'ai été surpris par le timbre de la sonnette, que je n'avais pas remarqué lorsque j'étais en compagnie de Geneviève Dalame sur ce palier : des notes grêles, étouffées, qui menaçaient sans cesse de s'éteindre, au point que je gardais le doigt appuyé sur le bouton, un tintement dont je n'étais pas sûr que Madeleine Péraud puisse le capter si elle se trouvait dans la pièce du fond.

La porte s'est entrebâillée sans que j'aie entendu le moindre bruit de pas. Se tenait-elle derrière la porte, dans l'attente d'un visiteur éventuel? Elle n'a pas semblé étonnée de me voir. Comme elle le faisait toujours, elle me guidait, en silence, le long du couloir. C'était la première fois que j'entrais dans le salon à la lumière du jour. Il y avait des taches de soleil sur le parquet. Par la fenêtre je voyais le jardin sous une légère couche de neige. Je me sentais encore plus loin de Paris que les soirs où je venais ici avec Geneviève Dalame.

Elle s'est assise à ma gauche sur le canapé rouge, à la place où se tenait d'habitude Geneviève Dalame. Elle m'a fixé du regard.

« Geneviève vient de me téléphoner pour me dire que vous vouliez me voir. Je vous attendais. »

Ainsi, cette visite s'était décidée à mon insu. Peut-être m'avaient-elles mis toutes les deux, sans que je m'en aperçoive, dans un état d'hypnose.

« Elle vous a téléphoné ? »

Il me semblait que j'avais déjà vécu cette scène dans un rêve. Un rayon de soleil éclairait la bibliothèque contre le mur du fond. Il y a eu entre nous un moment de silence. C'était à moi de le rompre.

« J'ai lu le livre que vous m'avez prêté... *Rencontres avec des hommes remarquables*... j'en avais déjà entendu parler... »

C'était au cours des deux années que j'avais passées en Haute-Savoie dans un collège. L'un de mes camarades, Pierre Andrieux, m'avait confié que ses parents étaient des disciples de l'auteur de ce livre, Georges Ivanovitch Gurdjieff, un « maître spirituel ». Sa mère nous avait emmenés en voiture, un jour de congé,

Pierre Andrieux et moi, jusqu'au plateau d'Assy, pour rendre visite à une amie à elle, une pharmacienne, une autre adepte de ce Gurdjieff. J'avais entendu des bribes de leur conversation. Il était question des « groupes » que cet homme avait créés autour de lui pour mieux diffuser son « enseignement ». Et le terme « groupes » m'avait intrigué.

« Ah oui... Vous en aviez entendu parler ? En quelles circonstances ? »

Elle avait une expression à la fois inquiète et intéressée, comme si elle craignait que je ne sois au courant de certains secrets.

« Je suis resté longtemps en Haute-Savoie. Il y avait là quelques disciples de Georges Ivanovitch Gurdjieff... »

J'avais prononcé cette phrase lentement, en soutenant son regard.

« En Haute-Savoie ? »

Apparemment, elle ne s'attendait pas que je lui donne ce détail. J'avais l'air d'un policier qui, par un effet de surprise, cherche à obtenir des aveux. Mais je n'étais pas un policier. Tout juste un bon jeune homme.

« Oui... en Haute-Savoie... du côté du plateau d'Assy... pas très loin de Megève... »

Je me souvenais de la dédicace qui figurait sur le roman *À la mémoire d'un Ange* et qui lui était sans doute adressée : « Pour toi... Megève... Le Mauvais Pas... »

« Et vous avez connu des disciples de Gurdjieff... en Haute-Savoie ?

— Oui, quelques-uns... »

J'avais l'impression qu'elle attendait avec une certaine nervosité que je lui cite des noms.

« La mère d'un camarade de collège... Elle nous avait emmenés voir une amie qui, elle aussi, était une disciple de Gurdjieff... une pharmacienne... au plateau d'Assy... »

Je lisais l'étonnement dans son regard.

« Mais je l'ai connue, il y a longtemps... cette pharmacienne du plateau d'Assy... Elle s'appelait Geneviève elle aussi, Geneviève Lief...

— J'ignorais son nom », lui ai-je dit.

Elle a penché la tête comme si elle tentait de se souvenir d'une manière plus précise de cette femme. Et peut-être aussi d'autres détails d'une période de sa vie.

« Je suis allée plusieurs fois la voir au plateau d'Assy... »

Elle avait oublié ma présence. Je me taisais car je ne voulais pas la distraire de ses pensées. Au bout d'un moment, elle s'est tournée vers moi.

« Je n'aurais pas pu imaginer que vous me rappelleriez toutes ces choses. »

Elle paraissait si troublée que je me suis demandé s'il ne fallait pas changer de sujet de conversation.

« Geneviève m'a dit que vous donniez des leçons de yoga. J'aimerais beaucoup prendre des leçons de yoga avec vous. »

Elle ne m'avait pas entendu. La tête de nouveau penchée, elle essayait sans doute de rassembler les quelques souvenirs qui lui restaient de cette pharmacienne du plateau d'Assy.

Elle s'est rapprochée de moi. Nos visages se touchaient presque. Elle m'a dit à voix basse :

« J'étais très jeune... je devais avoir votre âge... j'avais une amie qui s'appelait Irène... C'est elle qui m'a emmenée aux réunions chez Gurdjieff... à Paris, rue des Colonels-Renard... Il y avait tout un groupe de disciples autour de lui... »

Elle parlait vite, d'une manière saccadée, comme si elle s'adressait à un confesseur. Et cela m'embarrassait un peu. Je n'avais ni l'âge ni l'expérience pour jouer le rôle de confesseur.

« Et puis je suis partie avec mon amie Irène en Haute-Savoie... à Megève et au plateau d'Assy... Elle devait se faire soigner dans un sanatorium du plateau d'Assy... »

Elle était prête à me raconter sa vie. Beaucoup de personnes de toutes sortes l'ont fait dans les années suivantes, et je me suis souvent demandé pourquoi. Je devais inspirer confiance. J'aimais écouter les gens et leur poser des questions. Il m'arrivait souvent de capter des bribes de conversation d'inconnus dans les cafés. Je les notais le plus discrètement possible. Au moins, ces paroles n'étaient pas perdues pour toujours. Elles remplissent cinq cahiers, avec des dates et des points de suspension.

« Irène, c'est celle qui vous a dédicacé *À la mémoire d'un Ange*? lui ai-je demandé.

— Exactement.

— À la fin de la dédicace, il est écrit : "Le Mauvais Pas." Je connais bien Le Mauvais Pas. »

Elle a froncé les sourcils et m'a donné l'impression de faire un effort de mémoire.

« C'était une sorte de boîte de nuit où j'allais avec Irène. »

Je n'avais pas oublié ce bâtiment en ruine sur la route du mont d'Arbois dont une partie portait la trace d'un incendie. Sur sa façade, un panneau de bois clair pendait où il était écrit en lettres rouges « Le Mauvais Pas ». J'avais passé plusieurs mois dans un home d'enfants, à quelques centaines de mètres, un peu plus haut.

« Je ne suis plus retournée en Haute-Savoie depuis ce temps-là », m'a-t-elle dit d'une voix sèche, comme si elle voulait interrompre notre entretien.

« Après avoir connu Gurdjieff, vous avez fait partie des "groupes" ? »

Elle a semblé surprise par ma question.

« Je vous demande cela parce que la mère de mon ami et la pharmacienne du plateau d'Assy employaient beaucoup ce mot...

— C'était un mot qu'utilisait Gurdjieff, m'a-t-elle répondu. Des "groupes de travail"... le "travail sur soi"... »

Mais je crois qu'elle n'avait pas envie de me donner des explications plus précises concernant la doctrine de Georges Ivanovitch Gurdjieff.

« Votre amie Geneviève... m'a-t-elle dit brusquement. C'est fou comme elle ressemble à Irène... Quand je l'ai vue pour la première fois dans ce café, en face du Val-de-Grâce, j'ai eu un choc... J'ai cru que c'était Irène... »

Je n'étais pas du tout déconcerté par ce qu'elle venait de me confier. Depuis mon enfance, j'avais surpris tant de propos étranges derrière des portes entrebâillées, des murs trop minces de chambres d'hôtel, dans des cafés, des salles d'attente, des trains de nuit...

« Je me fais beaucoup de souci pour Geneviève... C'est cela dont je voulais vous parler...

— Beaucoup de souci, à quel sujet ?

— Elle a une drôle de manière de vivre... comme si, de temps en temps, elle était absente de sa vie... Vous ne trouvez pas ?

— Non.

— C'est curieux que vous ne vous en rendiez pas compte... On a quelquefois l'impression qu'elle marche à côté de sa vie... Vous ne vous en êtes jamais aperçu ? Elle ne vous a jamais fait penser à une somnambule ? »

Ce mot m'évoquait le titre d'un ballet que j'avais vu enfant et qui m'avait laissé un beau souvenir. J'essayais de trouver la ressemblance qui pouvait exister entre Geneviève Dalame et cette danseuse qui montait lentement, les bras tendus, un escalier.

« Une somnambule... vous avez peut-être raison », lui ai-je dit.

Je ne voulais pas la contrarier.

« Irène était exactement comme elle... exactement... Elle avait des moments d'absence... J'essayais de lutter contre ça...

— Et qu'en pensait Gurdjieff ? »

J'ai aussitôt regretté d'avoir posé cette question. Il m'arrivait à cette époque de poser des questions incongrues comme celle-ci. Je voulais en finir. À force d'écouter les gens en leur témoignant le plus d'attention possible, j'éprouvais parfois un brusque sentiment de lassitude et l'envie subite de couper les ponts.

« Gurdjieff a eu une bonne influence sur elle. Sur moi aussi. J'ai toujours encouragé Irène à suivre son enseignement. »

Elle s'est tournée vers moi et m'a fixé longtemps du regard. Elle m'intimidait.

« Nous devons aider Geneviève. »

Le ton qu'elle avait pris était si grave qu'elle finissait par me persuader que Geneviève Dalame courait un danger imminent. Et pourtant, j'avais beau y réfléchir, je ne voyais pas de quel danger il pouvait s'agir.

« Il faudrait que vous la persuadiez de venir habiter ici. »

J'étais étonné qu'elle me confie une telle mission.

« C'est très mauvais pour Geneviève d'habiter à l'hôtel. Irène était exactement comme elle... Je connais bien le problème... J'ai mis trois mois à la convaincre de sortir de cet horrible hôtel de la rue d'Armaillé. Heureusement que les réunions chez Gurdjieff se passaient dans le quartier... sinon Irène n'aurait pas quitté sa chambre de toute la journée... »

Décidément, cette Irène avait beaucoup compté dans sa vie.

« L'hôtel où elle habitait était tout près de chez Gurdjieff? lui ai-je demandé.

— À une cinquantaine de mètres... Irène avait pris une chambre dans cet hôtel pour être le plus près possible de chez Gurdjieff. »

C'est ainsi qu'il suffit de croiser une personne ou de la rencontrer à deux ou trois reprises, ou de l'entendre parler dans un café ou le couloir d'un train, pour saisir des bribes de son passé. Mes cahiers sont remplis de bouts de phrase prononcés par des voix anonymes. Et aujourd'hui, sur une page semblable aux autres, j'essaye de transcrire les quelques mots échangés il y a près de cinquante ans avec une certaine Madeleine Péraud dont je ne suis même pas sûr du prénom. Irène, le plateau d'Assy, Gurdjieff, un hôtel rue d'Armaillé...

« Il faudrait que vous persuadiez Geneviève de venir habiter ici... »

De nouveau, elle m'avait parlé à voix basse et avait rapproché son visage du mien. Elle me regardait droit dans les yeux, et ce regard provoquait chez moi un engourdissement, comme dans ces rêves où vous cherchez à fuir, mais où vous êtes cloué sur place.

Il a dû s'écouler un temps assez long, quelques heures dont j'ai peine à me souvenir, ce qu'on appelle un trou de mémoire. Le soir tombait, le salon était dans la pénombre et j'étais encore sur le canapé rouge avec elle.

Elle s'est levée et elle a allumé le lampadaire entre les deux fenêtres. Elle s'est dirigée vers la bibliothèque et elle a choisi deux livres sur les rayonnages.

« Tenez... vous en prendrez d'autres quand vous voudrez... »

Ces deux livres étaient minces et avaient plutôt l'aspect de brochures : *Essais sur le bouddhisme zen*, de Suzuki, deuxième volume, aux Éditions Adrien

Maisonneuve, et *Le Rite sacré de l'amour magique*, de Maria de Naglowska. Je les ai toujours depuis cinquante ans et je me demande pourquoi certains livres ou certains objets s'obstinent à vous suivre à la trace toute votre vie, à votre insu, alors que d'autres, qui vous étaient précieux, vous les avez perdus.

Dans le vestibule, je m'apprêtais à ouvrir la porte de l'appartement pour sortir quand elle a posé la main sur mon bras.

« Vous allez rejoindre Geneviève ? »

J'étais gêné de lui répondre tant elle paraissait m'envier.

« Je voulais vous dire... vous pouvez habiter ici avec elle... je serais très heureuse de vous accueillir... »

Six ans plus tard, je longeais la rue Geoffroy-Saint-Hilaire à la hauteur de la Mosquée et du mur du Jardin des Plantes. Une femme marchait devant moi, tenant par la main un petit garçon. Son allure nonchalante me rappelait quelqu'un. Je ne pouvais pas m'empêcher de garder les yeux fixés sur elle.

J'ai pressé le pas et j'ai rattrapé cette femme et ce petit garçon. Je me suis tourné vers elle. Geneviève Dalame. Nous ne nous étions pas revus depuis ces six années. Elle m'a souri comme si nous nous étions quittés la veille.

« Vous habitez le quartier ? »

Je ne sais pas pourquoi je la vouvoyais. Sans doute à cause de la présence de ce petit garçon. Oui, elle habitait tout près d'ici. J'essayais d'engager la conversation, mais elle semblait trouver naturel que nous marchions côté à côte en silence.

Nous sommes entrés dans le Jardin des Plantes et nous avons suivi une allée jusqu'à la ménagerie. Le petit garçon nous distançait en courant, puis il faisait demi-tour et revenait vers nous. Il imaginait qu'il devait échapper à des poursuivants invisibles et, par moments, il se cachait derrière le tronc d'un arbre. Je lui ai demandé si c'était son fils. Oui. S'était-elle mariée ? Non. Elle vivait seule avec son fils. En somme, nous nous étions retrouvés six ans plus tard dans la rue où nous avions fait connaissance, mais je n'avais pas l'impression que le temps avait passé. Au contraire, il s'était arrêté, et notre première rencontre se répétait avec une variante : la présence de cet enfant. Il y aurait d'autres rencontres avec elle, dans la même rue, comme les aiguilles d'une montre qui se rejoignent chaque jour à midi et à minuit. D'ailleurs, le soir où je l'avais rencontrée pour la première fois à la librairie des sciences occultes de la rue Geoffroy-Saint-Hilaire, j'avais acheté un livre dont le titre m'avait frappé : *L'Éternel Retour du même.*

Nous étions arrivés devant les cages de la ménagerie vides ce jour-là, sauf la plus grande où l'on avait enfermé une panthère. Le petit garçon s'était arrêté et l'observait à travers les grilles. Geneviève Dalame et moi, nous avions pris place sur un banc, en retrait.

« Je l'emmène voir les animaux à cause du *Livre de la jungle.* Il veut qu'on le lui lise tous les soirs. »

Je me suis alors souvenu des quelques rayonnages près de la grande fenêtre, dans l'appartement vide de ma mère, sur les quais. J'étais certain qu'entre les romans de Hans Fallada et *Le Vicomte de Bragelonne* il y avait encore les deux volumes du *Livre de la jungle,* dans une édition illustrée. Il faudrait que j'aie le courage de retourner là-bas pour vérifier si je ne me trompais pas.

J'hésitais à l'interroger au sujet de sa brusque disparition. Un soir, à l'hôtel de la rue Monge, on m'avait dit qu'elle avait quitté sa chambre « définitivement ». Le lendemain, aux Studios Polydor, l'un de ses collègues m'avait déclaré d'une voix sèche qu'elle avait pris « un congé », sans me donner d'autres détails. Chez Madeleine Péraud, rue du Val-de-Grâce, la sonnette ne répondait plus. Et moi qui étais habitué depuis l'enfance aux disparitions, j'avoue que celle de Geneviève Dalame ne m'avait pas vraiment étonné.

« Alors, tu es partie sans laisser d'adresse ? » Elle a haussé les épaules. Mais je n'avais pas besoin d'explications. Le petit garçon est venu vers nous en déclarant qu'il allait ouvrir la porte de la cage et se promener avec la panthère qu'il appelait Bagheera, la panthère du *Livre de la jungle*. Puis il s'est posté de nouveau devant les grilles en attendant que Bagheera se rapproche de lui.

« Tu as des nouvelles du docteur Péraud ? »

D'un ton détaché, comme elle aurait parlé d'une lointaine connaissance, elle m'a précisé que le docteur Péraud n'habitait plus rue du Val-de-Grâce, mais dans le quinzième arrondissement. Ces personnes dont vous vous demandez ce qu'elles sont devenues et dont la disparition est enveloppée de mystère, un mystère que vous ne parviendrez jamais à éclaircir, eh bien, vous seriez surpris d'apprendre qu'elles ont tout simplement changé d'arrondissement.

« Et tu ne travailles plus aux Studios Polydor ? » Si, elle y travaillait toujours. Mais, comme Madeleine Péraud, ils n'étaient plus à la même adresse. Du boulevard de la Gare, les Studios Polydor s'étaient fixés maintenant du côté de la place de Clichy.

J'ai pensé de nouveau à ces tableaux près des guichets du métro. À chaque station correspondait un bouton sur le clavier. Et il vous fallait presser le bouton pour savoir où vous deviez changer de ligne. Les trajets s'inscrivaient sur le plan en traits lumineux de couleurs différentes. J'étais sûr que, dans l'avenir, il suffirait d'inscrire sur un écran le nom d'une personne que vous aviez croisée autrefois et un point rouge indiquerait l'endroit de Paris où vous pourriez la retrouver.

« Un jour, lui ai-je dit, j'ai rencontré ton frère. » Elle n'avait eu aucune nouvelle de lui depuis le matin où il était venu lui demander de l'argent. Et quand l'avais-je rencontré ? Il y avait deux ou trois ans. Je descendais le boulevard Saint-Michel et j'étais arrivé à la hauteur de La Source, un grand café où j'avais toujours hésité à entrer, sans savoir très bien pourquoi. Je l'ai reconnu tout de suite à cause de son blouson en faux léopard. Il était assis à une table derrière la façade vitrée, en compagnie d'un garçon de son âge. Il s'était levé et il tapait des deux poings contre la vitre pour attirer mon attention. Il allait me rejoindre sur le trottoir et je l'ai devancé en poussant la porte du café, comme on affronte un danger dans un rêve, avec la certitude que l'on peut se réveiller d'un moment à l'autre. Je me suis assis à leur table. Le malaise que j'éprouvais chaque fois en passant devant La Source s'est précisé : j'ai eu l'impression que dans cet établissement on était sous la menace d'une rafle.

Il a sorti de la poche de sa veste son carnet noir et, après l'avoir consulté, il m'a lancé un sourire ironique.

« J'ai essayé de vous joindre à Val-d'Or 14-14, il y a quelques années, mais apparemment vous étiez absent. »

J'étais là, en face de lui, dans l'espoir qu'il me donnerait des nouvelles de Geneviève Dalame, et peut-être les raisons de sa disparition.

Il m'a présenté son ami. Le nom m'est resté en mémoire : Alain Parquenne, pour l'avoir lu dix ans plus tard sur l'enseigne d'une boutique minuscule d'appareils photographiques d'occasion dont il était sans doute le receleur, avenue de Wagram. J'avais eu la tentation d'entrer dans la boutique pour me rappeler au bon souvenir de ce fantôme.

« Geneviève ? Vous ne l'avez pas vue depuis trois ans ? Moi non plus... Elle doit être plongée dans les tarots et les boules de cristal, comme d'habitude... »

Son blouson de faux léopard m'a paru plus usé qu'à notre première rencontre. J'ai remarqué une déchirure à l'un des poignets et une tache sur une manche. Alain Parquenne, lui, avait le teint pâle et le visage d'un enfant précocement vieilli – un visage d'ancien groom ou de jockey.

« Il est photographe, m'a dit le frère de Geneviève Dalame. Il me fait un "book" pour que je puisse le présenter à des agents... je veux faire du cinéma... »

L'autre m'observait en fumant une cigarette, et ses yeux d'un noir gluant me gênaient. Le frère de Geneviève Dalame lui a dit brusquement : « Il serait temps que tu ailles téléphoner pour les prévenir. »

Alain Parquenne s'est alors levé et s'est dirigé vers le fond de la salle.

« Je suis sûr que vous pourriez m'aider, vous... » m'a dit le frère de Geneviève Dalame en me fixant d'un regard qui m'a fait froid dans le dos, le regard avide de ceux qui sont prêts à détrousser les cadavres après un bombardement.

« Vous voulez bien m'aider ? » Les traits de son visage s'étaient crispés et trahissaient une certaine amertume. L'autre revenait vers notre table.

« Alors, tu les as prévenus ? » a demandé le frère de Geneviève Dalame. L'autre lui a fait un signe de tête affirmatif et s'est assis à la table. J'ai été pris d'un mouvement de panique que j'ai eu du mal à maîtriser. À quelles personnes avait-il téléphoné ? Et pour les prévenir de quoi ? J'avais la sensation de me trouver dans une souricière et qu'une descente de police était imminente.

« Je lui ai demandé s'il pouvait nous aider, a-t-il dit en me désignant.

— Oui, il faut que tu nous aides, a dit l'autre avec un mauvais sourire. De toute façon, on ne te lâchera plus... »

Je me suis levé. Je me dirigeais vers la sortie du café. Le frère de Geneviève Dalame m'emboîtait le pas et me bloquait le passage. L'autre, dans mon dos, me serrait de près comme s'il voulait m'empêcher de faire marche arrière. J'ai pensé : Il faut que je sorte d'ici avant la descente de police. Et, d'un coup sec du genou et de l'épaule, j'ai bousculé le frère de Geneviève Dalame. Puis j'ai envoyé mon poing dans le visage de l'autre. J'étais enfin à l'air libre. J'ai descendu le boulevard en courant. Ils couraient tous les deux derrière moi. J'ai réussi à les semer à la hauteur du café de Cluny.

★

« Tu n'aurais jamais dû adresser la parole à mon frère. Pour moi, il n'existe plus. Il est capable de tout. Il a déjà fait de la prison à Épinal. »

Elle avait dit ces mots d'une voix très basse, comme si elle ne voulait pas que le petit garçon les entende, mais il se tenait toujours devant les grilles de la cage, à observer la panthère.

« Comment s'appelle-t-il ? lui ai-je demandé.

— Pierre. »

C'était le moment d'apprendre quelle avait été sa vie, ces six dernières années. Aujourd'hui, 1er février 2017, je regrette de ne pas lui avoir posé de questions précises. Mais, à cette époque, j'avais la certitude qu'elle ne me répondrait pas ou bien que ses réponses seraient évasives. « Elle marche à côté de sa vie », m'avait dit autrefois Madeleine Péraud. Et elle avait employé le terme « somnambule ». Il évoquait ce ballet que j'avais vu dans mon enfance et dont je gardais en mémoire le nom de l'interprète, Maria Tallchief. Peut-être Geneviève Dalame marchait-elle « à côté de sa vie », mais elle le faisait d'un pas léger et souple, comme une danseuse.

« Il va déjà à l'école ? lui ai-je demandé en désignant Pierre.

— Dans une école de l'autre côté du Jardin des Plantes. »

Ce n'était pas la peine de lui parler du passé. Si je faisais allusion à certains détails qui dataient de six ans : le café du boulevard de la Gare, l'hôtel de la rue Monge, les quelques personnes que nous avait fait connaître le « docteur Péraud » et les situations un peu troubles où elle nous avait entraînés, elle aurait été très surprise. Elle avait certainement tout oublié. Ou alors, elle voyait cela de loin – de plus en plus loin à mesure que les années se succédaient. Et le paysage finissait par se perdre dans la brume. Elle vivait au présent.

« Tu as le temps de nous raccompagner chez nous ? » m'a-t-elle demandé.

Elle a pris Pierre par la main et il s'est retourné pour jeter un dernier regard sur les grilles de la cage derrière lesquelles Bagheera poursuivait son éternel tour de ronde.

★

Nous sommes passés devant la librairie des sciences occultes où nous nous étions rencontrés pour la première fois. Un panneau indiquait qu'elle ouvrait à deux heures. Nous avons regardé les ouvrages exposés dans la vitrine : *Les Puissances du dedans, Les Maîtres et le sentier, Les Aventuriers du Mystère...*

« Nous pourrions peut-être venir ici ce soir pour choisir quelques livres », ai-je proposé à Geneviève Dalame. Rendez-vous à six heures, la même heure qu'il y avait six ans. C'était dans cette librairie, après tout, que j'avais trouvé ce livre qui m'avait fait beaucoup réfléchir : *L'Éternel Retour du même.* À chaque page, je me disais : si l'on pouvait revivre aux mêmes heures, aux mêmes endroits et dans les mêmes circonstances ce qu'on avait déjà vécu, mais le vivre beaucoup mieux que la première fois, sans les erreurs, les accrocs et les temps morts... ce serait comme de recopier au propre un manuscrit couvert de ratures... Nous étions arrivés tous les trois dans une zone que j'avais souvent traversée avec elle, entre Monge, la Mosquée et le Puits-de-l'Ermite.

Elle s'est arrêtée à la hauteur d'un immeuble plus massif que les autres, avec des balcons. « C'est ici que j'habite. » Pierre a poussé lui-même la porte cochère. Je suis entré à leur suite. Il m'a semblé que j'étais déjà venu ici dans une vie antérieure pour rendre visite à quelqu'un. « Ce soir six heures, à la librairie, m'a dit Geneviève Dalame. Et après, tu peux venir dîner ici... »

Ils m'ont laissé dans l'entrée de l'immeuble. Je me tenais au pied de l'escalier. Par moments, Pierre penchait la tête au-dessus de la rampe, comme s'il voulait vérifier si j'étais encore là. Et chaque fois, je lui faisais un signe du bras. Puis, il est resté à m'observer, le menton contre la rampe, pendant que Geneviève Dalame devait ouvrir la porte de l'appartement. J'ai entendu la porte se refermer sur eux et j'ai senti un pincement au cœur. Mais, en sortant de l'immeuble, je ne voyais plus vraiment la raison d'être triste. Pour quelques mois encore ou, qui sait?, quelques années, malgré la fuite du temps et les disparitions successives des gens et des choses, il y avait un point fixe : Geneviève Dalame. Pierre. Rue de Quatrefages. Au numéro 5.

Je tente de mettre de l'ordre dans mes souvenirs. Chacun d'eux est une pièce de puzzle, mais il en manque beaucoup, de sorte que la plupart restent isolées. Parfois, je parviens à en rassembler trois ou quatre, mais pas plus. Alors, je note des bribes qui me reviennent dans le désordre, listes de noms ou de phrases très brèves. Je souhaite que ces noms comme des aimants en attirent de nouveaux à la surface et que ces bouts de phrases finissent par former des paragraphes et des chapitres qui s'enchaînent. En attendant, je passe mes journées dans l'un de ces grands hangars qui ressemblent aux garages d'autrefois, à la poursuite de personnes et d'objets perdus.

Djorie Bruss
Emmanuel Brucken (photographe)
Jean Meyer (Jean les yeux bleus)
Gaelle et Guy Vincent
Annie Caisley, 11, rue des Marronniers
Van der Mervenne

Joseph Nasch, 33, avenue Montaigne
J. de Fleury (libraire), 2, rue Baste, 19e
Olga Ordinaire, 9, rue Duranton, 15e
Ariane Pathé, 3, rue Quentin-Bauchart
Douglas Eyben
Anna Seidner
Marie Molitor
Pierrot 43...

Au cours de ce travail que l'on fait à tâtons, certains noms brillent par intermittence tels des signaux qui vous donneraient accès à un chemin caché.

Ainsi « Madame Hubersen » que j'avais écrit au hasard, suivi d'un point d'interrogation, a d'abord éveillé chez moi un vague souvenir. J'essayais d'associer « Madame Hubersen » à d'autres noms qui figuraient sur ma liste. J'espérais qu'entre eux et « Madame Hubersen » apparaîtrait une ligne lumineuse comme celle – verte, rouge ou bleue – qui indiquait les stations et les correspondances si l'on voulait aller de Corvisart à Michel-Ange-Auteuil ou de Jasmin à Filles-du-Calvaire. J'étais presque arrivé au bas de la liste et j'avais l'impression d'être un amnésique, cherchant désespérément à percer une couche de glace et d'oubli. Et, soudain, j'ai eu la certitude que le nom « Madame Hubersen » était lié à celui de Madeleine Péraud. En effet, elle nous avait emmenés, Geneviève Dalame et moi, à plusieurs reprises, chez cette Madame Hubersen, qui habitait un appartement dans une des grandes avenues des quartiers de l'ouest – une avenue dont j'hésite à écrire le nom aujourd'hui, comme si un détail trop précis pouvait encore me nuire, près de cinquante ans plus tard, et provoquer ce qu'on appelle « un supplément d'enquête » concernant une « affaire » où j'aurais été impliqué.

Cette Madame Hubersen, peut-être avais-je voulu, jusqu'à ce jour, l'effacer de ma mémoire ainsi que d'autres gens croisés en ce temps-là – disons entre dix-sept et vingt-deux ans.

Mais, au bout d'un demi-siècle, les quelques personnes qui furent les témoins de vos débuts dans la vie ont fini par disparaître – et d'ailleurs je me demande si la plupart d'entre elles feraient le lien entre ce que vous êtes devenu et l'image floue qu'elles gardent d'un jeune homme dont elles ne pourraient même pas dire le nom.

Mon souvenir de Madame Hubersen est lui aussi assez flou. Une brune d'environ trente ans aux traits réguliers et aux cheveux courts. Elle nous emmenait dîner près de son domicile, dans l'une de ces rues perpendiculaires à l'avenue Foch – côté gauche de l'avenue quand vous tournez le dos à l'Arc de triomphe. Et voilà que je n'éprouve plus aucune crainte à donner ces détails topographiques. Je me dis qu'il s'agit d'un passé si lointain qu'il est couvert par ce qu'on appelle en justice l'amnistie. De son domicile jusqu'au restaurant, nous allions à pied, l'hiver de cette année-là, un hiver aussi rude que ceux des années précédentes auprès desquels les hivers d'aujourd'hui me paraissent cléments, un hiver comme ceux que j'avais connus en Haute-Savoie où la nuit vous respiriez un air glacé et limpide et aussi enivrant que l'éther. Madame Hubersen portait un manteau de fourrure de coupe assez classique. Elle avait sans doute vécu une existence plus bourgeoise que celle qui était désormais la sienne, si l'on en jugeait par le désordre de son appartement. Il se trouvait au dernier étage d'un immeuble moderne, deux ou trois pièces encombrées de tableaux, de masques d'Afrique et d'Océanie, de tissus indiens.

De cette Madame Hubersen je ne sais pas grand-chose sinon ce que nous avait confié Madeleine Péraud à son sujet le premier soir où nous lui avions rendu visite. Elle vivait seule et elle était la femme divorcée d'un Américain. Apparemment, elle connaissait beaucoup de gens dans le milieu de la danse. Elle nous avait entraînés un soir, très loin, au bord du bassin de la Villette, chez un homme dont elle nous disait qu'il organisait, chaque année à la même date, une fête en l'honneur des danseuses et des danseurs. Là, dans un minuscule appartement, j'avais été étonné de voir réunies ces étoiles des ballets que j'admirais à l'époque, parmi lesquelles une jeune danseuse de l'Opéra qui, par la suite, est devenue carmélite. Elle est encore vivante aujourd'hui et sans doute la seule à pouvoir me dire qui était exactement ce mystérieux amateur de ballets.

J'ai retrouvé dans mes cahiers une note que j'ai écrite il y a plus de dix ans à la date du 1er mai 2006 : « L'homme au nom turc qui, dans les années soixante, chaque année, donnait une fête chez lui pour les danseuses et les danseurs (Noureev, Béjart, Babilée, Yvette

Chauviré, etc.). Il habitait sur l'un des quais du bassin de la Villette ou du canal de l'Ourcq. » Et pour m'assurer que ce souvenir était bien réel, j'avais recherché dans un annuaire le nom et l'adresse de cet homme, puisqu'il est écrit au stylo à bille bleu :

11, quai de la Gironde (19e arrondissement)
Amram R. Combat 73.14
Mouyal Matathias Combat 82.06 (annuaire 1964)

Cette adresse et ces deux noms sont précédés de points d'interrogation, de la même encre bleue.

Je devais voir une dernière fois, au mois d'août 1967, Madame Hubersen.

Mais avant d'évoquer cette rencontre, je voudrais préciser ceci : il m'est arrivé de croiser à plusieurs reprises les mêmes personnes dans les rues de Paris, des personnes que je ne connaissais pas. À force de les trouver sur mon chemin, leurs visages me devenaient familiers. Elles, je crois qu'elles m'ignoraient et que j'étais le seul à remarquer ces rencontres fortuites. Sinon, nous nous serions salués ou nous aurions engagé la conversation. Le plus troublant, c'est que je croisais souvent la même personne mais dans des quartiers différents et éloignés les uns des autres, comme si le destin – ou le hasard – insistait pour que nous fassions connaissance. Et, chaque fois, j'éprouvais du remords à la laisser passer sans rien lui dire. Du carrefour partaient de nombreux chemins, et j'avais négligé l'un d'eux qui était peut-être le bon. Pour me consoler, je notais scrupuleusement dans mes cahiers les rencontres sans avenir, en précisant l'endroit exact, et l'aspect physique de ces anonymes. Paris est ainsi constellé de points névralgiques et des multiples formes qu'auraient pu prendre nos vies.

Madame Hubersen, je l'avais donc croisée une dernière fois ce mois d'août, quand j'habitais une petite chambre dans un groupe d'immeubles – un square qui donnait sur le boulevard Gouvion-Saint-Cyr. Cet été-là, il faisait très chaud et le quartier était désert. On n'avait même plus le courage de prendre le métro à la recherche d'un peu d'animation dans le centre de Paris. On se laissait gagner par la torpeur. L'unique restaurant ouvert du boulevard Gouvion-Saint-Cyr portait un drôle de nom : La Passée. Je craignais de n'être pas très bien accueilli dans cet établissement. J'imaginais quelques clients louches réunis pour une partie de poker, mais cette nuit-là je me suis décidé à pousser la porte.

Le décor de La Passée était celui d'une auberge de campagne. Un bar à l'entrée, et deux salles en enfilade dont la dernière donnait sur un petit jardin. Tout à coup, le sentiment d'étrangeté que j'éprouvais dans le Paris du mois d'août s'est à ce point aggravé que j'ai voulu faire marche arrière et retrouver le plus vite possible le trottoir du boulevard Gouvion-Saint-Cyr et le bruit des très rares voitures roulant en direction de la Porte Maillot. Mais une dame me guidait vers la salle du fond et me désignait une table en bordure du jardin.

Je me suis assis et j'avais la sensation d'être englué dans un rêve. Sans doute, cette sensation était due aux jours interminables où je n'avais parlé à personne.

Jamais l'expression « coupé du monde » ne m'avait paru aussi juste. Aucun client, sauf une femme seule, installée au fond de la salle. Elle portait un manteau de fourrure, ce qui m'a étonné en plein mois d'août. Elle ne semblait pas s'être aperçue de ma présence. J'ai reconnu Madame Hubersen. Elle n'avait pas changé, et son manteau de fourrure était le même que celui qu'elle portait trois ans plus tôt.

Après un instant d'hésitation, je me suis dirigé vers elle.

« Madame Hubersen ? »

Elle a levé les yeux vers moi, et elle n'avait pas l'air de me reconnaître.

« Nous nous sommes vus plusieurs fois il y a trois ans... avec Madeleine Péraud... »

Elle me fixait toujours du regard et je me demandais si elle m'avait entendu.

« Mais oui... bien sûr... » m'a-t-elle dit brusquement, comme si elle avait eu un moment d'absence. « Avec Madeleine Péraud... Et vous avez des nouvelles de Madeleine Péraud ? »

Je voyais bien qu'elle essayait de reprendre pied. Je venais de la réveiller de façon trop abrupte d'un sommeil profond.

« Non, aucune nouvelle. »

Elle a eu un sourire embarrassé. Elle cherchait ses mots.

« Vous vous rappelez ? lui ai-je dit. Vous nous aviez emmenés à une fête... avec tous les danseurs...

— Oui... oui... bien sûr... Je ne sais pas si cette fête a encore lieu chaque année... »

On aurait cru qu'elle faisait allusion à un événement très lointain, qui datait d'à peine trois ans mais qui pour elle appartenait à une autre vie. Et je dois dire que j'éprouvais la même impression quand je me souvenais de tous ces invités assis par terre dans les deux pièces du petit appartement, et de la pleine lune, cette nuit d'hiver, au-dessus du bassin de la Villette ou du canal de l'Ourcq.

« Vous habitez toujours à la même adresse ? »

Peut-être lui avais-je posé cette question pour obtenir une réponse précise et ne plus avoir le sentiment que j'étais en face d'un fantôme.

« Toujours à la même adresse... »

Elle a eu un petit rire dont je lui étais reconnaissant. Elle n'avait plus l'air d'un fantôme.

« Vous avez de drôles de questions... Et vous aussi, toujours à la même adresse ? »

Elle semblait se moquer gentiment de moi.

« Asseyez-vous. Si vous voulez commander quelque chose... Moi, j'ai fini de dîner... »

Je me suis assis en face d'elle. J'avais l'intention de prendre congé au bout de quelques instants sous le prétexte que je devais téléphoner. Mais là, une fois assis, j'ai senti qu'il me serait difficile de me lever et de traverser la salle en direction de la sortie. Un engourdissement me gagnait.

« Ne faites pas attention à ce manteau de fourrure, m'a-t-elle dit. Je l'ai mis ce soir parce que je croyais qu'il y avait une baisse de température. Je me suis trompée. »

Mais je n'avais pas besoin d'explication. Il faut prendre les gens tels qu'ils sont, manteau de fourrure ou non. Au besoin, leur poser quelques questions discrètes, en douceur, sans éveiller leur méfiance, pour mieux les comprendre. Et, après tout, je n'avais rencontré que trois ou quatre fois Madame Hubersen et je n'aurais jamais imaginé la revoir au bout de trois ans. De si brèves rencontres qu'elles auraient pu tomber très vite dans l'oubli.

« Et comment avez-vous connu cet endroit? lui ai-je demandé. La Passée?

— C'est un ami qui m'a amenée plusieurs fois ici. Mais il est parti en vacances... »

Elle parlait d'une voix ferme et claire, et ce qu'elle venait de me dire était parfaitement cohérent. On se retrouve souvent seul à Paris au mois d'août et dans des endroits incertains, à l'image de cette saison où l'on a l'impression que le temps s'est arrêté – des endroits qui disparaissent aussitôt que la vie a repris son cours, et la ville son aspect habituel.

« Vous ne dînez pas? Vous voulez boire quelque chose? »

Elle a saisi un carafon sur la table et m'a versé dans un grand verre ce que je croyais être de l'eau, mais dont le goût m'a surpris quand j'en ai avalé une gorgée : un alcool très fort. Puis elle s'est servie. Elle n'en a pas bu une gorgée, mais la moitié de son verre, d'une traite, avec un léger mouvement de la tête.

« Vous ne buvez pas? » Elle semblait déçue et un peu gênée, comme si je l'avais renvoyée à sa solitude. Alors, j'ai vidé mon verre moi aussi.

« Vous voyez, m'a-t-elle dit, on a quand même besoin de se réchauffer malgré la chaleur. »

J'ai senti qu'elle voulait ajouter quelque chose, mais qu'elle hésitait et cherchait ses mots.

« Je vous ferais bien une confidence... »

Elle a posé sa main à plat sur la mienne pour se donner du courage.

« Il a beau faire très chaud, si vous saviez à quel point j'ai toujours froid... »

Elle me lançait un regard à la fois timide et interrogatif en attendant une réponse ou plutôt un diagnostic qui aurait pu la rassurer.

★

Nous sommes sortis de La Passée. Elle s'appuyait à mon bras, le long du boulevard Gouvion-Saint-Cyr. Une brise soufflait, la première depuis quinze jours.

« Au fond, vous avez eu raison de mettre votre manteau de fourrure », lui ai-je dit.

Elle voulait peut-être rentrer à pied chez elle. Mais alors nous ne prenions pas la bonne direction. Je le lui ai fait remarquer.

« J'ai envie de marcher un peu, jusqu'à la première station de taxis. »

À cette heure tardive et en cette saison, il n'y avait plus aucune circulation le long du boulevard Gouvion-Saint-Cyr. C'est drôle, quand j'écris cela aujourd'hui, j'entends l'écho de nos pas – ou plutôt des siens – sur le trottoir désert. Nous étions arrivés à la hauteur du square où j'habitais. Un instant, j'ai eu envie de prendre congé en lui disant que quelqu'un m'attendait dans ma chambre – une chambre mansardée et si petite que dès l'entrée je devais basculer sur le lit pour ne pas heurter mon front contre la poutre. Et à cette pensée, je n'ai pas pu réprimer un éclat de rire. Elle s'est appuyée plus fort à mon bras.

« Qu'est-ce qui vous fait rire ? »

Je ne savais pas quoi lui répondre. Attendait-elle vraiment une réponse ? De sa main libre, elle avait relevé le col de son manteau de fourrure, comme si la brise s'était brusquement refroidie.

« Vous avez toujours les masques d'Afrique et d'Océanie dans votre appartement ? » lui ai-je demandé pour rompre le silence.

Elle s'est arrêtée et m'a dévisagé d'un air surpris.

« Vous en avez de la mémoire... »

Oui, beaucoup... Mais j'ai aussi la mémoire de détails de ma vie, de personnes que je me suis efforcé d'oublier. Je croyais y être parvenu et sans que je m'y attende, après des dizaines d'années, ils remontent à la surface, comme des noyés, au détour d'une rue, à certaines heures de la journée.

Nous étions Porte de Champerret. Un seul taxi attendait à la station, devant le groupe d'immeubles aux façades de brique.

« Vous pouvez m'accompagner ? » m'a demandé Madame Hubersen.

De nouveau, j'ai failli lui dire que quelqu'un m'attendait dans ma chambre. Mais j'avais brusquement un certain scrupule à lui mentir. Tant de mensonges, déjà, pour me débarrasser des gens, tant d'immeubles à double issue pour les abandonner sur un trottoir, tant de rendez-vous auxquels je n'allais pas...

Je suis monté dans le taxi avec elle. J'ai pensé que le trajet serait très bref jusqu'à son domicile et que je ferais le chemin du retour à pied.

« À Versailles, boulevard de la Reine », a-t-elle dit au chauffeur.

Je suis resté silencieux. J'attendais qu'elle me donne une explication.

« J'ai peur de retourner chez moi. Tous ces masques dont vous me parliez tout à l'heure... Ils m'observent et n'ont pas de bonnes intentions à mon égard... »

Elle l'avait dit d'un ton si grave que j'en étais interloqué. Et puis, j'ai retrouvé ma voix.

« Je crois que vous vous trompez. Ces masques ne sont pas aussi méchants que vous le pensez... »

Mais je me suis rendu compte qu'elle n'avait pas du tout envie de rire. Le taxi s'était engagé sur le boulevard Gouvion-Saint-Cyr, en sens inverse de celui où nous l'avions suivi tout à l'heure. Nous arrivions à la hauteur du square où j'habitais.

« Il faut que je rentre chez moi, lui ai-je dit. C'est juste ici, à droite...

— Soyez gentil de m'accompagner jusqu'à Versailles. »

Le ton était sans réplique, comme s'il s'agissait d'une obligation morale de ma part. Le taxi s'était arrêté à un feu rouge devant la grande caserne des pompiers. J'ai été tenté d'ouvrir la portière et de prendre congé avec une brève formule de politesse. Mais je me suis dit que j'avais tout le temps de le faire pendant le trajet jusqu'à Versailles. J'ai pensé à cet ouvrage que j'avais lu, *Les Rêves et les moyens de les diriger,* où il est précisé que l'on peut les interrompre à chaque instant, et même en détourner le cours. Ainsi, il suffisait que je me concentre un peu pour que le chauffeur de taxi nous dépose tout à l'heure devant le domicile de Madame Hubersen, et qu'il ait oublié que nous devions aller jusqu'à Versailles. Madame Hubersen aussi.

« Vous êtes sûre que vous ne voulez pas rentrer chez vous ? » lui ai-je dit à voix basse.

Elle a rapproché son visage du mien et, à son tour, elle m'a dit à voix basse :

« Vous ne pouvez pas savoir ce que c'est que de retourner chaque soir dans cet appartement... et de se retrouver seule avec ces masques... Et puis, depuis quelque temps j'ai peur de prendre l'ascenseur... »

J'étais encore trop jeune pour connaître l'angoisse qu'elle éprouvait à rentrer seule chez elle. Moi, il m'était égal de prendre l'ascenseur, puis de gravir le petit escalier et de suivre le couloir qui menait à cette mansarde où je ne pouvais pas me tenir debout. Et aujourd'hui que j'ai presque quarante ans de plus que Madame Hubersen en ce temps-là, je me dis qu'il était étrange à son âge de se laisser envahir par une telle anxiété. Mais peut-être ne doit-on pas ajouter foi à certaines idées comme : « l'insouciance de la jeunesse ».

Nous avons fait halte à un autre feu rouge tout près du restaurant La Passée. Sur le parcours – me suis-je dit – d'autres feux rouges me permettraient de quitter cette voiture. Ce ne serait pas la première fois que je me livrerais à une semblable expérience :

à deux reprises, je m'étais échappé d'une voiture qui me ramenait le dimanche soir au collège, et, plus tard, vers vingt ans, alors que je me trouvais très tard en compagnie de plusieurs personnes dans une Chevrolet dont le conducteur était ivre. Par chance, j'étais assis du côté de la portière.

« Vous ne voulez vraiment pas rentrer chez vous ? ai-je encore demandé à Madame Hubersen.

— Pas maintenant. Demain, quand il fera jour. »

Nous étions arrivés à la lisière du bois de Boulogne, et Madame Hubersen avait fermé les yeux. J'ai vérifié si la portière n'était pas verrouillée de l'intérieur, comme quelquefois, la nuit, dans les taxis. Non. J'avais encore un peu de temps devant moi pour me décider.

À la Porte d'Auteuil, la tête de Madame Hubersen a basculé sur mon épaule. Elle s'était endormie. Si je quittais la voiture, il faudrait que je le fasse sans heurts, en me glissant sur la banquette et en ne claquant pas la portière. Sa tête, si légère sur mon épaule, c'était de sa part comme une marque de confiance, et j'avais du scrupule à trahir cette confiance. Porte de Saint-Cloud. Nous allions traverser la Seine, nous engager dans le tunnel, puis sur l'autoroute de l'Ouest. Et il n'y aurait plus de feux rouges.

Au cours de cette période de ma vie, et depuis l'âge de onze ans, les fugues ont joué un grand rôle. Fugues des pensionnats, fuite de Paris par un train de nuit le jour où je devais me présenter à la caserne de Reuilly pour mon service militaire, rendez-vous auxquels je ne me rendais pas, ou phrases rituelles pour m'esquiver : « Attendez, je vais chercher des cigarettes... », et cette promesse que j'ai dû faire des dizaines et des dizaines de fois, sans jamais la tenir : « Je reviens tout de suite. »

Aujourd'hui, j'en éprouve du remords. Bien que je ne sois pas très doué pour l'introspection, je voudrais comprendre pourquoi la fugue était, en quelque sorte, mon mode de vie. Et cela a duré assez longtemps, je dirais jusqu'à vingt-deux ans. Était-ce comparable à ces maladies de l'enfance qui ont de drôles de noms : coqueluche, varicelle, scarlatine ? Au-delà de mon cas personnel, j'ai toujours rêvé d'écrire un traité de la fugue à la manière de ces moralistes et de ces mémorialistes français dont j'admire tant le style depuis mon adolescence : le cardinal de Retz, La Bruyère, La Rochefoucauld, Vauvenargues... Mais la seule chose dont je peux rendre compte, ce sont des détails concrets, des lieux et des moments précis. En particulier, cet après-midi de l'été 65 où je me trouvais devant le zinc d'un café étroit du début du boulevard Saint-Michel qui tranchait sur les autres cafés du quartier. Il n'avait pas de clientèle estudiantine. Un bar en longueur comme ceux de Pigalle ou de Saint-Lazare. J'ai compris, cet après-midi-là, que je m'étais laissé dériver et que, si je ne réagissais pas tout de suite, le courant m'emporterait. J'étais persuadé que je ne risquais rien et que je bénéficiais d'une sorte d'immunité en ma qualité de spectateur nocturne – le surnom que s'était donné un écrivain du dix-huitième siècle qui explorait les mystères des nuits parisiennes. Mais là, ma curiosité m'avait entraîné un peu trop loin. J'ai senti ce qu'on appelle « le vent du boulet ». Je devais disparaître au plus vite si je ne voulais pas avoir d'ennuis. Ce serait pour moi une fugue beaucoup plus importante que les autres. J'avais atteint le fond et il ne restait plus qu'à donner un grand coup de talon pour remonter à la surface.

La veille, il s'était passé un événement auquel j'ai fait allusion vingt ans plus tard, en 1985, dans un chapitre de roman. C'était une manière de me débarrasser d'un poids, d'écrire noir sur blanc une sorte de demi-aveu. Mais vingt ans était un laps de temps trop court pour que certains témoins aient disparu et j'ignorais quel était le délai au bout duquel la justice renonce à poursuivre les coupables ou les complices et jette sur eux définitivement le voile de l'amnistie et de l'oubli.

★

Celle que j'avais rencontrée pour la première fois quelques semaines auparavant et dont j'hésite à dire le nom – je me méfie encore, après cinquante ans, des détails trop précis qui pourraient permettre de l'identifier – m'avait téléphoné très tard dans la nuit, ce mois de juin 1965, pour me déclarer qu'il était arrivé un « accident » dans l'appartement de Martine Hayward, 2, avenue Rodin, où nous avions fait connaissance et où se réunissaient le dimanche soir des gens disparates que cette Martine Hayward appelait « les noctambules ». Elle me suppliait de venir la rejoindre.

Dans le salon de l'appartement était allongé sur le tapis le corps de Ludo F., le personnage le plus trouble de cette bande de « noctambules ». Elle l'avait tué « par accident », me disait-elle, en manipulant un revolver qu'elle avait « trouvé sur l'un des rayonnages de la bibliothèque ». Elle me tendait cette arme qu'elle avait remise dans son étui de daim. Mais pourquoi était-elle, cette nuit-là, seule avec Ludo F. dans l'appartement? Elle m'expliquerait tout « dès que nous serions loin d'ici, à l'air libre ».

Sans allumer la minuterie, je l'ai prise par le bras et je l'ai aidée à descendre l'escalier dans l'obscurité plutôt que d'utiliser l'ascenseur. Au rez-de-chaussée, de la lumière derrière la porte vitrée du concierge. Je l'ai entraînée vers la porte cochère et, au moment où nous passions devant la loge, en est sorti un homme brun, de petite taille et coiffé en brosse. Il nous observait dans la pénombre tandis que j'essayais d'ouvrir à tâtons la porte cochère. Celle-ci était bloquée. Au bout d'un instant – et cet instant me semblait interminable –, j'ai repéré sur le mur le bouton qui commandait l'ouverture de la porte. J'ai entendu le déclic et j'ai ouvert. J'effectuais tous mes gestes au ralenti pour leur donner le plus de précision possible, et je ne quittais pas du regard le petit homme coiffé en brosse comme si j'avais voulu le défier et lui permettre de bien retenir les traits de mon visage. Elle s'impatientait et je l'ai laissée sortir devant moi, puis, avant de la suivre, je suis resté quelques secondes immobile dans l'embrasure de la porte, les yeux fixés sur le concierge. J'attendais qu'il se dirige vers moi, mais lui aussi se tenait immobile à m'observer. Le temps s'était arrêté. Elle m'avait devancé d'une dizaine de mètres et je ne savais plus si je pourrais la rattraper, tant mon pas était lent, de plus en plus lent, avec cette sensation de flotter et de décomposer le moindre de mes mouvements.

★

Nous arrivions place du Trocadéro. Environ deux heures du matin. Les cafés étaient fermés. Je me sentais de plus en plus calme et je respirais de manière de plus en plus profonde, sans aucun de ces efforts de concentration que l'on fait d'habitude au cours des exercices de yoga. D'où venait une telle tranquillité ? Du silence et de l'air limpide de la place du Trocadéro ? Cet air, il me semblait aussi doux et glacé que celui des pentes de Haute-Savoie. Je subissais certainement l'influence de l'ouvrage que je lisais depuis quelques jours, *Les Rêves et les moyens de les diriger*, d'Hervey de Saint-Denys, et qui resterait, pendant toute cette période, l'un de mes livres de chevet. J'avais l'impression que je lui avais communiqué mon calme et qu'elle marchait maintenant du même pas que le mien. Elle m'a demandé où nous allions exactement. Il était beaucoup trop tard pour rentrer à Montmartre à l'hôtel Alsina ou chez elle, à Saint-Maur-des-Fossés. J'ai repéré l'enseigne d'un hôtel, tout au début de l'une des avenues qui débouchaient sur la place du Trocadéro. Mais j'avais gardé dans une poche de ma veste le revolver à l'étui de daim. J'ai cherché une bouche d'égout où je l'aurais laissé tomber. Comme je le tenais dans ma main, elle me jetait des regards inquiets. J'essayais de la rassurer. Nous étions seuls sur la place. Et si, par hasard, quelqu'un nous observait de la fenêtre obscure d'un immeuble, cela n'avait aucune importance. Il ne pourrait rien contre nous. Il suffisait de détourner le rêve, selon les conseils d'Hervey de Saint-Denys, comme on donne un léger coup de volant. Et la voiture roulerait sans heurts, l'une des voitures américaines de ce temps-là, dont on aurait dit qu'elle glissait sur l'eau, en silence.

★

Nous avons fait le tour de la place et j'ai fini par jeter le revolver au fond d'une poubelle, devant le musée de la Marine. Puis nous nous sommes engagés dans l'avenue où se trouvait le petit hôtel dont j'avais repéré l'enseigne. Hôtel Malakoff. Depuis, il m'est arrivé de passer devant et, une soirée d'il y a cinq ans où il faisait aussi chaud que cette nuit de juin 1965, je me suis arrêté à l'entrée, avec l'idée de prendre une chambre, la même peut-être qu'en ce temps-là. Cela servirait de prétexte, me disais-je, pour feuilleter les registres et vérifier si mon nom y figurait encore à la date du 28 juin 1965. Mais gardaient-ils les vieux registres que consultaient de temps en temps ceux qui faisaient partie de la brigade que l'on appelait « des Garnis » ? Cette nuit d'il y a cinquante ans, au bureau de la réception, seul le veilleur était présent en raison de l'heure tardive. Elle se tenait à l'écart et c'est moi qui ai écrit mes nom, prénom, date de naissance sur le registre, alors que le veilleur n'exigeait rien de nous, pas même une pièce d'identité. J'étais sûr qu'Hervey de Saint-Denys, qui connaissait si bien les rêves et la manière de les diriger, aurait approuvé mon scrupule. À mesure que je traçais les lettres – et j'aurais voulu dessiner les pleins et les déliés, mais le stylo à bille ne le permettait pas –, j'éprouvais un calme et un apaisement que je n'avais jamais connus jusque-là. J'ai même indiqué comme adresse le 2, avenue Rodin, où Ludo F., allongé sur le tapis, dormait de son dernier sommeil.

★

Les jours suivants, l'angoisse qui m'avait saisi dans ce bar-tabac du début du boulevard Saint-Michel n'était plus aussi vive. Peut-être avait-elle eu pour cause la proximité du Palais de justice et de la préfecture de police que l'on voyait, tout près, de l'autre côté du pont. Je savais que des inspecteurs fréquentaient certains cafés de la place Saint-Michel. Désormais, nous restions à Montmartre, et là il me semble que nous nous sentions plus en sécurité, et que nous finissions par nous demander si les événements de l'autre nuit étaient bien réels.

J'éprouve un certain scrupule à évoquer ces jours-là. Ce sont les jours les plus mémorables et les derniers d'une partie de ma jeunesse. Ensuite, plus rien n'aurait tout à fait les mêmes couleurs. Est-ce que la mort de ce Ludo F., un homme que nous connaissions à peine, a joué le rôle d'une sorte de rappel à l'ordre? Quelque temps encore après cet événement, j'étais souvent réveillé en sursaut par des coups de feu et, au bout d'un instant, je me rendais compte que ces coups de feu n'avaient pas été tirés dans la vraie vie mais dans mon rêve. Chaque jour, à la sortie de l'hôtel Alsina, j'allais acheter les journaux dans un petit magasin de la rue Caulaincourt – *France-Soir, L'Aurore,* ceux où l'on trouvait les faits divers –, et je les lisais sans qu'elle le sache, pour ne pas l'inquiéter. Rien au sujet de Ludo F. Apparemment, il n'intéressait personne. Ou bien les gens de son entourage avaient réussi à cacher sa mort. Sans doute pour éviter d'être compromis. Un peu plus haut, rue Caulaincourt, à la terrasse du Rêve, j'écrivais dans la marge d'un des journaux les noms de ces gens dont je me souvenais pour avoir assisté à leurs « soirées » du dimanche soir, là où je l'avais rencontrée, elle.

Et aujourd'hui, cinquante ans après, je ne peux m'empêcher, de nouveau, d'écrire sur cette feuille blanche quelques-uns de ces noms. Martine et Philippe Hayward, Jean Terrail, Andrée Karvé, Guy Lavigne, Roger Favart et sa femme aux taches de rousseur et aux yeux gris... d'autres...

Aucun d'eux ne m'a donné de ses nouvelles, ces cinquante dernières années. Je devais être invisible pour eux, à cette époque. Ou bien, tout simplement, vivons-nous à la merci de certains silences.

Juin. Juillet 1965. Les jours ont passé cet été-là à Montmartre, qui se ressemblaient tous avec leurs matinées et leurs après-midi de soleil. Il suffisait de se laisser glisser dans leur courant tranquille et de faire la planche. Nous finirions par oublier ce mort dont elle-même ne semblait pas savoir grand-chose, sauf qu'elle l'avait connu quand elle travaillait à la parfumerie de la rue de Ponthieu. Il y était entré pour lui parler et elle était de nouveau tombée sur lui au café voisin de la parfumerie, où d'habitude elle déjeunait d'un sandwich. Il l'avait emmenée plusieurs fois dans ces soirées du dimanche soir qu'organisait Martine Hayward, avenue Rodin, là où nous avions fait connaissance. Voilà, c'était tout. Et ce qui était arrivé là-bas, l'autre nuit, était un « accident ». Et elle ne voulait pas m'en dire plus.

★

Quand je pense à cet été-là, j'ai l'impression qu'il s'est détaché du reste de ma vie. Une parenthèse, ou plutôt des points de suspension.

Quelques années plus tard, j'ai habité Montmartre, au 9 de la rue de l'Orient, avec la femme que j'aimais. Le quartier n'était plus le même. Moi non plus. L'un et l'autre nous avions retrouvé notre innocence. Un après-midi, je me suis arrêté devant l'hôtel Alsina, que l'on avait divisé en appartements. Le Montmartre de l'été 1965, tel que je croyais le voir dans mon souvenir, m'a semblé tout à coup un Montmartre imaginaire. Et je n'avais plus rien à craindre.

Nous franchissions rarement la frontière du côté sud, celle délimitée par le terre-plein du boulevard de Clichy. Nous restions dans un secteur assez étroit où montait la rue Caulaincourt. Ce mois de juillet, nous étions les seuls à la terrasse du Rêve, et l'après-midi, seuls aussi, un peu plus haut, dans la pénombre du San Cristobal, à mi-pente des escaliers de Lamarck-Caulaincourt. Nos gestes étaient toujours les mêmes, aux mêmes endroits, aux mêmes heures et sous le même soleil. J'ai le souvenir des rues désertes, les jours de canicule. Il y avait pourtant une menace dans l'air. Ce cadavre sur le tapis, dans l'appartement que nous avions quitté sans éteindre la lumière... Les fenêtres resteraient allumées en plein jour, comme un signal d'alarme. J'essayais de comprendre pourquoi j'étais demeuré si longtemps immobile en présence du concierge. Et quelle drôle d'idée d'avoir écrit sur la fiche de l'hôtel Malakoff mon nom et mon prénom, et l'adresse de l'appartement, 2, avenue Rodin... On s'apercevrait qu'un « meurtre » avait été commis la même nuit à cette adresse. Quand je remplissais la fiche, quel vertige m'avait saisi ? À moins que l'ouvrage d'Hervey de Saint-Denys, que je lisais au moment où elle m'avait téléphoné pour me supplier de la rejoindre, ne m'ait brouillé l'esprit : j'étais sûr de vivre un mauvais rêve. Je ne risquais rien, je pouvais « diriger » ce rêve comme je le voulais et, si je le voulais, me réveiller d'un instant à l'autre.

Un début d'après-midi, nous montions la pente de la rue Caulaincourt, déserte sous le soleil, et nous avions le sentiment d'être les seuls habitants de Montmartre. Je lui ai dit, pour me rassurer, que nous nous trouvions dans un petit port de la Méditerranée à l'heure de la sieste. Personne au San Cristobal. Nous nous sommes assis à une table près des vitres teintées qui laissaient la salle dans la pénombre. Il faisait frais, comme au fond d'un aquarium. « C'est un mauvais rêve. Rien qu'un mauvais rêve... » Je me suis à peine rendu compte que je le disais à voix haute. Le corps de Ludo F. sur le tapis et la lumière que nous n'avions pas éteinte dans l'appartement... Elle a posé sa main sur la mienne. « N'y pense plus », m'a-t-elle dit à voix basse. Jusque-là, j'avais l'impression qu'elle-même voulait éviter d'y penser et, les premiers jours, je n'osais pas lui avouer que, chaque matin, je lisais les journaux, craignant d'y trouver un entrefilet où serait imprimé le nom de Ludo F. Mais elle partageait la même inquiétude que moi. Nous n'avions pas besoin de nous le dire, il suffisait d'échanger un regard. Le soir, par exemple, quand nous rentrions avenue Junot, à l'hôtel Alsina, au moment de prendre l'ascenseur.

C'était un ascenseur de bois clair aux deux battants vitrés, comme il en existait encore à l'époque. Il montait avec une telle lenteur qu'il menaçait de s'arrêter entre deux étages. Je craignais qu'un policier ne nous attende devant la porte de la chambre, tandis qu'un autre se postait en bas, à la réception de l'hôtel. Ils étaient les mêmes que ceux qui fréquentaient les cafés de la place Saint-Michel. J'avais pu les identifier en surprenant des bribes de conversation. C'était moi qu'ils venaient chercher, car ils connaissaient mon nom. Elle n'avait rien à craindre. J'avais envie de le lui dire, là, dans l'ascenseur, mais nous étions arrivés à notre étage. Personne devant la porte. Ni dans la chambre. Ce serait pour une autre fois. J'avais encore réussi, de justesse, à détourner le rêve, selon les conseils d'Hervey de Saint-Denys.

Le soir, nous allions dans deux restaurants : l'un, au coin de la rue Constance et de la rue Joseph-de-Maistre, l'autre, tout au bout de la rue Caulaincourt, au pied d'un escalier. Beaucoup de monde dans chacun de ces restaurants, et cela contrastait avec les rues désertes de la journée. Nous passions inaperçus parmi tous ces gens, et le brouhaha de leurs conversations nous protégeait. Il venait des clients jusqu'à minuit et l'on installait des tables sur le trottoir. Nous restions là le plus tard possible parmi tous ces dîneurs qui semblaient des estivants. Après tout, nous aussi, nous étions en vacances. Vers une heure du matin, au moment de rentrer à l'hôtel Alsina, nos regards se croisaient. Il faudrait monter l'avenue Junot déserte, franchir le porche de l'hôtel sans savoir qui se trouvait devant le bureau de la réception. À cette heure-là, nous évitions de prendre l'ascenseur. Les premiers instants, nous n'étions pas très rassurés dans le silence de la chambre. Je me tenais derrière la porte pour guetter les bruits de pas le long du couloir. En somme, c'était lorsqu'il y avait beaucoup de monde autour de nous, le soir, dans les deux restaurants, que nous nous sentions le plus à l'aise, comme deux vacanciers parmi les autres qui auraient passé toute la journée sur la plage de Pampelonne. Nous pouvions même parler du sujet délicat qui nous préoccupait. Nos voix se perdaient dans le bruit des autres voix, et nous faisions en sorte d'éviter les mots trop précis et de nous exprimer par sous-entendus de manière que nos voisins de table ne comprennent pas grand-chose à ce que nous disions, si, par hasard, ils avaient prêté une oreille indiscrète à nos propos. Nous parlions en sautant certains mots, avec des points de suspension. J'aurais aimé qu'elle me donne des indications supplémentaires concernant Ludo F., car j'étais persuadé qu'elle en savait plus long sur lui qu'elle ne voulait le dire. Leur première rencontre dans la parfumerie de la rue de Ponthieu me semblait ne pas tout à fait correspondre à la vérité. Il y manquait, j'en étais sûr, certains détails. Mais je sentais une réticence de sa part à me répondre. En fait, ce qui me causait du souci, c'était qu'on établisse un lien entre elle et celui que nous appelions « le mort ». Y avait-il une preuve tangible qu'elle avait fréquenté « le mort » ? Une lettre ? Son nom et son adresse qu'il aurait notés dans un agenda ? Quels témoignages donneraient les autres si on les interrogeait sur elle et ses rapports avec « le mort » ? À chacune de mes questions, elle se contentait de hausser les épaules. Elle ne paraissait pas très bien connaître ceux qui fréquentaient les soirées du dimanche soir, au 2 avenue

Rodin, chez Martine Hayward. À mesure que je lui citais des noms – Andrée Karvé, Guy Lavigne, Roger Favart et sa femme, Vincent Berlen, Marion Le Phat-Vinh, ces quelques noms que j'avais griffonnés dans une marge de journal et que je tire une dernière fois du néant –, elle me faisait chaque fois de la tête un signe de dénégation. D'ailleurs, m'a-t-elle dit, tous ces gens ne savaient rien d'elle et ne pourraient donner aucun témoignage la concernant. Elle s'est penchée vers moi comme si elle voulait ajouter quelque chose à voix basse, mais c'était une précaution inutile : nos voisins parlaient très fort et, à cet instant-là, la voix du guitariste qui venait chaque nuit à la même heure interpréter devant le restaurant de la rue Caulaincourt une chanson napolitaine de Roberto Murolo, *Anema'e core*, se mêlait au brouhaha des conversations. Elle m'a chuchoté : « Tu n'aurais pas dû écrire ton nom sur la fiche de l'hôtel. »

J'essaye de me rappeler quel était mon état d'esprit à ce moment-là. Le lendemain, quand j'étais seul dans le café du boulevard Saint-Michel, j'avais été pris de panique, mais cela n'avait pas duré longtemps. Après avoir touché le fond, je remontais à la surface. Je me disais : Maintenant ce sera pour moi le début d'une autre vie. Et celle que j'avais vécue jusque-là m'apparaissait comme un rêve confus dont je venais de me réveiller. Je comprenais brusquement le sens de cette expression : « L'avenir s'ouvre devant toi. » Oui, je finissais par me persuader que, du haut de l'avenir, je n'avais plus rien à craindre et que, désormais, j'étais immunisé par un vaccin ou protégé par un passeport diplomatique.

« Je ne risque plus rien, lui ai-je dit. Plus rien. » Et mon ton devait être si tranchant que notre plus proche voisin de table, un blond d'une quarantaine d'années, qui aurait pu être l'un des policiers que j'avais repérés dans les cafés de la place Saint-Michel, m'a regardé avec insistance. J'ai soutenu son regard et je lui ai souri.

Un après-midi, elle a voulu aller chercher des « affaires » chez elle, à Saint-Maur. C'est le seul jour de cet été-là où nous avons quitté Montmartre. Nous attendions le train sur le quai de la gare de la Bastille.

« Tu crois que ce n'est pas trop risqué d'y aller ? m'a-t-elle demandé. Ils ont peut-être trouvé mon adresse. »

À ce moment-là, moi, je n'avais aucune crainte particulière.

« Ils ne t'ont pas identifiée. Impossible qu'ils sachent l'adresse d'une inconnue. »

Elle a hoché la tête comme si ce que je venais de dire lui semblait brusquement une évidence. Elle a répété deux ou trois fois pour elle-même « une inconnue », sans doute pour bien se persuader qu'elle ne risquait rien et qu'elle resterait jusqu'au bout une inconnue.

Dans le compartiment, nous étions seuls. Un jour de semaine, une heure creuse de l'après-midi, en plein été. La nuit où nous nous étions rencontrés dans l'appartement de Martine Hayward, nous avions marché vers deux heures du matin jusqu'à la place de l'Alma. Elle avait pris un taxi pour rentrer chez elle à Saint-Maur, et elle m'avait donné rendez-vous pour le lendemain, là-bas, en écrivant sur un bout de papier son adresse : 35, avenue du Nord. Et, le lendemain, je m'étais retrouvé dans le même train, à la même heure de l'après-midi, sur le même parcours que maintenant : Bastille. Saint-Mandé. Le bois de Vincennes. Nogent-sur-Marne. Saint-Maur.

★

Nous avons suivi l'avenue du Nord, bordée d'arbres dont le feuillage formait une voûte. Elle était déserte, cet après-midi-là, comme les rues de Montmartre. Des taches de soleil et l'ombre des branches sur le trottoir et la chaussée. La première fois que j'étais venu ici, il y avait quinze jours, elle m'attendait devant chez elle. Nous nous étions promenés jusqu'à La Varenne-Saint-Hilaire et la terrasse d'un hôtel, au bord de la Marne, qui s'appelait Le Petit Ritz.

Cette fois-ci, elle a hésité un instant avant d'ouvrir le portail et m'a jeté un regard inquiet. Elle éprouvait la même appréhension passagère que celle qui nous saisissait la nuit à Montmartre quand nous rentrions à l'hôtel Alsina. Une pelouse à l'abandon. L'herbe avait envahi l'allée qui descendait jusqu'au seuil de la maison. La pelouse formait comme un vallon et la maison s'élevait en contrebas à mi-pente, au point qu'on ne distinguait pas tout de suite le rez-de-chaussée. Cette maison occupait une position précaire et elle semblait à la merci d'un glissement de terrain. Son aspect était à la fois celui d'une villa et d'un pavillon de banlieue.

Elle m'a dit de l'attendre au rez-de-chaussée pendant qu'elle rassemblait ses affaires. Une grande pièce. Le seul meuble était un canapé. Les fenêtres donnaient, d'un côté, sur la pente de la pelouse qui bouchait l'horizon et, de l'autre, sur une sorte de terrain vague au bas de cette pente. On avait vraiment la sensation que la maison se tenait en équilibre fragile et qu'elle risquait de basculer d'un instant à l'autre. Et puis le silence était si profond qu'au bout d'un quart d'heure j'ai craint qu'elle ne m'ait faussé compagnie, comme je l'avais souvent fait moi-même en disant : « Attendez, je reviens », quand j'arrivais à la hauteur d'un immeuble à double issue, celui de la place Saint-Michel où l'on pouvait s'enfuir par la rue de l'Hirondelle, et le numéro 1 de la rue Lord-Byron qui vous menait par un dédale de couloirs et d'ascenseurs à l'avenue des Champs-Élysées.

Elle m'a rejoint au moment où j'étais sûr qu'elle avait disparu et où je m'apprêtais à le vérifier en montant au premier étage. Elle portait une valise de cuir noir. Elle s'est assise à côté de moi sur le canapé. Et, tout à coup, j'ai senti qu'une même pensée nous traversait l'esprit : le corps de Ludo F. dans l'appartement de l'avenue Rodin.

★

J'avais pris sa valise qui pesait assez lourd et nous suivions de nouveau l'avenue du Nord. Elle était soulagée d'avoir quitté cette maison. Moi aussi. Il existe des lieux dont vous ne vous méfiez pas à première vue à cause de leur apparence banale et qui vous transmettent, au bout de quelques instants, de mauvaises ondes. Et j'avais toujours été sensible à ce qu'on appelle « l'esprit des lieux ». Au point de les quitter très vite si j'éprouvais le moindre doute, comme cet après-midi d'hiver au café La Source lorsque j'étais en compagnie du frère de Geneviève Dalame et de son ami au visage de vieux groom. J'ai d'ailleurs voulu approfondir la question en faisant une liste, dans mes cahiers, de tous ces lieux et de ces adresses précises où j'avais décidé de ne pas m'attarder. Il s'agit d'un don particulier, un sixième sens que possèdent par exemple les chiens truffiers, et qui évoque aussi certains appareils comme les détecteurs de mines. Au cours des années suivantes, je me suis aperçu que je ne m'étais pas trompé concernant la plupart de ces lieux et de ces adresses. Les raisons pour lesquelles y flottaient de mauvaises ondes, je les apprenais par des témoignages de hasard, des recoupements, d'anciens faits divers, souvent vingt ou trente ans plus tard, et même il suffisait parfois de quelques mots au détour d'une conversation que j'avais surprise dans un café.

★

Je m'arrêtais de temps en temps avenue du Nord et je posais sa valise sur le trottoir. Elle était bien lourde, cette valise. J'ai fini par lui demander si elle n'y avait pas mis le corps de Ludo F. Elle est restée impassible, mais elle n'avait pas l'air d'apprécier cette plaisanterie. Une plaisanterie ? Parfois, dans mes rêves, et même à l'instant présent où j'écris, je sens dans ma main droite le poids de cette valise, comme une vieille blessure cicatrisée, mais dont la douleur vous élance en hiver ou les jours de pluie. Un remords ancien ? Il m'a poursuivi sans que je puisse préciser quelle en était la cause. Un jour, j'ai eu l'intuition que cette cause datait d'avant ma naissance et que le remords s'était propagé le long d'un cordon Bickford. Mon intuition a été si fugace, une allumette dont la flamme minuscule brille quelques secondes dans l'obscurité avant de s'éteindre...

Le chemin était encore long jusqu'à la gare de La Varenne, où j'étais arrivé de Paris le jour de notre premier rendez-vous. Je lui ai proposé de passer la fin de la journée et la nuit au Petit Ritz, ce que nous avions fait deux semaines auparavant. Mais elle m'a rappelé que j'avais rempli la fiche du Petit Ritz en indiquant mon nom, comme l'autre nuit à l'hôtel Malakoff. Et puis les patrons du Petit Ritz la connaissaient de vue. Il valait mieux nous faire oublier.

Je me demande si le souvenir lointain et confus d'un après-midi d'été passé à Saint-Maur ne m'a pas fait écrire, quarante-six ans plus tard, dans un cahier, à la date du 26 décembre 2011, ces quelques lignes :

« Rêve. Je suis en présence d'un commissaire de police qui me tend une convocation sur du papier jauni. La première phrase évoque un crime au sujet duquel je dois témoigner. Je ne veux pas lire ces pages. Je les égare. Par la suite, j'apprends qu'il s'agit d'une fille de Saint-Maur-des-Fossés qui a tué un homme plus âgé qu'elle à Marly-le-Roi (?). J'ignore à quel titre je suis témoin.

« Cela correspond à un rêve récurrent : on a déjà arrêté certaines personnes et on ne m'a pas identifié. Et je vis sous la menace d'être arrêté moi aussi quand on s'apercevra que j'ai des liens avec les "coupables". Mais coupables de quoi ? »

L'année dernière, au fond d'une grande enveloppe, parmi des passeports de carton bleu marine périmés et des bulletins d'un home d'enfants et d'un collège de Haute-Savoie où j'avais été pensionnaire, je suis tombé sur des feuillets dactylographiés.

Dans un premier temps, j'ai hésité à relire ces quelques pages de papier pelure retenues par un trombone rouillé. J'ai voulu m'en débarrasser tout de suite, mais cela me paraissait impossible, comme ces déchets radioactifs qu'il est inutile d'enterrer à cent mètres sous terre.

Le seul moyen de désamorcer définitivement ce mince dossier, c'est d'en recopier des extraits et de les mêler aux pages d'un roman comme je l'ai fait il y a trente ans. Ainsi, on ne saura pas s'ils appartiennent à la réalité ou au domaine du rêve. Aujourd'hui, 10 mars 2017, j'ai ouvert de nouveau la chemise vert pâle, j'ai ôté le trombone qui a laissé une tache de rouille sur le premier feuillet et, avant de déchirer le tout et de n'en laisser aucune trace matérielle, je recopie quelques phrases et j'en aurai fini.

Sur le premier feuillet : 29 juin 1965.

Police judiciaire. Brigade mondaine.

Cote 29 : Position des douilles.

Les trois douilles correspondant aux trois balles tirées ont été retrouvées...

Au sujet des hypothèses qu'on peut émettre sur la manière dont s'est déroulé le meurtre de M. Ludovic F...

Sur le deuxième feuillet : 5 juillet 1965.

Police judiciaire. Brigade mondaine.

Le prétendu Ludovic F. utilisait ce nom d'emprunt depuis une vingtaine d'années. Il s'agirait en réalité d'un certain Aksel B., dit Bowels. Né le 20 février 1916 à Frederiksberg (Danemark). Sans profession. En fuite depuis avril 1949, et ayant résidé à Paris (16e). Dernier domicile connu : 48, rue des Belles-Feuilles.

Sur le quatrième feuillet : 5 juillet 1965.

Note

Police judiciaire

Brigade mondaine.

Jean D.

né le 25 juillet 1945 à Boulogne-Billancourt (Seine)

... Deux fiches d'hôtel ont été retrouvées au nom de Jean D., et remplies par lui au mois de juin dernier :

Le 7 juin 1965 : Hôtel-restaurant Le Petit Ritz, 68, avenue du 11-Novembre à La Varenne-Saint-Hilaire (Seine-et-Marne).

Le 28 juin 1965 : Hôtel Malakoff, 3, avenue Raymond-Poincaré, Paris 16e, où il a indiqué comme étant l'adresse de son domicile le 2, avenue Rodin (16e).

Au Petit Ritz, comme à l'hôtel Malakoff, il était accompagné par une jeune fille d'une vingtaine d'années, taille moyenne, brune, yeux clairs, dont le signalement correspond à celui donné, dans sa déposition, par M. R., concierge, 2, avenue Rodin, Paris 16e.

Jusqu'à présent, cette jeune fille n'a pas pu être identifiée.

Bien qu'elle n'ait jamais été identifiée, j'ai retrouvé sa trace vingt ans plus tard. Son nom figurait dans l'annuaire de Paris de cette année-là, un nom et un prénom qui ne pouvaient qu'être les siens. 76, boulevard Sérurier, 19e arrondissement. 208.76.68.

C'était au mois d'août. Le téléphone ne répondait pas. Plusieurs fois, en fin d'après-midi, je me suis posté devant l'immeuble en brique derrière lequel s'étend le square de la Butte-du-Chapeau-Rouge. Je ne connaissais pas ce quartier. Ce sont les autres qui vous font connaître une ville dans ses zones les plus secrètes et les plus lointaines, en vous donnant des rendez-vous à telle ou telle adresse. Quand ils ont disparu, ils vous entraînent sur leurs traces. En fin d'après-midi, au bas de la pente du boulevard Sérurier, j'avais l'impression que le temps s'était arrêté. Le soleil et le silence, le bleu du ciel, la couleur ocre de l'immeuble, le vert des arbres du parc... tout cela formait un contraste, dans ma mémoire, avec le bassin de la Villette ou le canal de l'Ourcq, un peu plus haut dans le même arrondissement et que j'avais découverts une nuit de décembre grâce à Madame Hubersen.

Rien n'avait changé pour moi. Cet été-là, j'attendais devant la porte d'un immeuble, comme j'avais attendu sur le trottoir, vingt-cinq ans auparavant, en hiver, la fille de Stioppa. Si l'on m'avait demandé : « Et tout cela, dans quel but? », je crois que j'aurais répondu simplement : « Pour tenter de résoudre les mystères de Paris. »

Un après-midi de cette fin du mois d'août, j'ai reconnu sa silhouette de loin, tout en haut du boulevard Sérurier. Cela ne m'a pas surpris. Il suffit d'un peu de patience. Je me souvenais de mes livres de chevet à l'époque où nous nous étions connus : *L'Éternité par les astres* et *L'Éternel Retour du même*... Elle descendait la pente, une valise à la main, mais ce n'était plus celle, en cuir noir, que j'avais portée jusqu'à la gare de La Varenne. Une valise en fer-blanc. Elle captait les rayons du soleil. Je l'ai rejointe à mi-chemin du boulevard Sérurier.

Je lui ai pris sa valise. Nous n'avions pas besoin de nous parler. Nous étions partis à pied de Saint-Maur, 35, avenue du Nord, et nous avions mis vingt ans pour arriver au 76, boulevard Sérurier. La valise me paraissait beaucoup plus légère que l'autre. Si légère que je me demandais si elle n'était pas vide. À mesure que passent les années, vous finissez sans doute par vous débarrasser de tous les poids que vous traîniez derrière vous, et de tous les remords.

J'ai remarqué qu'une cicatrice lui barrait le front. Un accident de voiture, m'a-t-elle dit. L'un de ces accidents qui vous font perdre la mémoire. Et pourtant, elle m'avait reconnu. Mais elle ne semblait pas se souvenir des événements de l'été 1965.

Elle revenait du Midi et elle m'a proposé de l'accompagner jusque chez elle. Nous aurions pu marcher au milieu du boulevard, cet après-midi-là, car il était désert, comme les rues de Montmartre autrefois, à la même heure et à la même saison. Et pour moi, ces deux étés se confondaient.

Entre les pages d'un roman, j'ai découvert le feuillet d'un agenda qui porte la date du mercredi 20 avril et la mention « Sainte-Odette », mais sans le chiffre de l'année. Le roman a pour titre *Tempo di Roma* et il me semble que je l'avais lu vers la fin des années soixante. À l'époque, j'avais dû me servir de ce feuillet comme marque-page. Ou alors, j'avais acheté d'occasion ce livre sur les quais, et le feuillet y était déjà. Sur celui-ci, un itinéraire écrit à l'encre, de ce bleu que l'on appelait « floride » :

Autoroute du Sud ou Nationale 7
Ou gare de Lyon
Nemours. Moret
Sortir à Nemours
Laisser Nemours à droite
Route de Sens, pendant 10 km
Tourner à droite
Remauville
Dernière maison du village, à droite en face de l'église

Portail vert
525.66.31
432.56.01

Les deux numéros ne répondaient plus. Chaque fois que je les composais, j'entendais des voix très lointaines qui lançaient des appels ou bien poursuivaient une conversation dont on ne saisissait pas le moindre mot. Je crois que ces voix appartenaient au mystérieux « réseau » de personnes qui, autrefois, profitaient du vide des lignes téléphoniques désaffectées pour communiquer entre elles.

L'écriture irrégulière à l'encre bleue aurait pu être la mienne, mais alors j'aurais noté cet itinéraire à la hâte, d'après les indications précipitées de quelqu'un qui aurait eu à peine le temps de me les transmettre ou l'aurait fait à voix basse pour ne pas attirer l'attention sur nous.

Je voulais, depuis quelques mois, en avoir le cœur net, mais je repoussais le projet de me rendre sur les lieux. Et puis, ces lieux, ils avaient dû changer, ou disparaître, ou demeurer inaccessibles si vous ne consultiez pas les anciennes cartes d'état-major.

Aujourd'hui, c'est décidé, je vais suivre cet itinéraire jusqu'au bout. Au cours de ces derniers mois, je me demandais si je ne l'avais pas déjà fait dans le passé, car le nom « Nemours » m'évoquait quelque chose. Peut-être n'avais-je pas continué ma route au-delà de Nemours. Ou bien un double de moi-même était allé jusqu'à la dernière maison du village et le portail vert. Un double ou un sosie de ceux qui sont évoqués dans

L'Éternité par les astres, l'un de mes livres de chevet. Mille et mille sosies de vous-même s'engagent sur les mille chemins que vous n'avez pas pris aux carrefours de votre vie, et vous, vous avez cru qu'il n'y en avait qu'un seul.

Parmi les anciennes cartes d'état-major que j'avais achetées voilà près de cinquante ans, j'ai retrouvé celle des environs de Nemours. Elle indiquait des routes, des chemins, des villages qui n'apparaissent plus sur la carte Michelin actuelle de la même région. Mais il fallait que je me conforme à la première carte si je voulais arriver au but.

Je préférais partir vers cinq heures du soir. Nous étions au début de septembre, et le jour tombait encore tard. Pour ne pas risquer de me perdre, j'ai complété le trajet qui figurait sur le feuillet de l'agenda, en consultant l'ancienne carte d'état-major. Je prévoyais certains détours pour mieux connaître le terrain et me livrer ainsi à des approches successives.

Nemours. Moret
Passer par Veneux-les-Sablons (N 6)
Après Moret, prendre la vallée de l'Orvanne
Traverser Lorrez-le-Boccage (D 218)
Villecerf (D 218)
Dormelles
Puis revenir sur Nemours
Laisser Nemours à droite
Passer par Laversanne
Route de Sens, pendant 10 km
Couper par Bazoches-sur-le-Betz et la ferme Baslins

Retour par Égreville et Chaintreaux
Remauville
Dernière maison du village, à droite, en face de l'église
Pente du Vieux Lavoir jusqu'au portail vert
Allée. Château de la Belle au bois dormant

Mon écriture était beaucoup plus ferme que celle à l'encre bleue sur le feuillet de l'agenda. À mesure que je précisais l'itinéraire, c'était comme si je l'avais déjà suivi et je n'avais même plus besoin de consulter l'ancienne carte d'état-major. Mais était-ce vraiment le bon chemin ? Dans vos souvenirs se mêlent des images de routes que vous avez prises et dont vous ne savez plus quelles provinces elles traversaient.

Œuvres de Patrick Modiano (suite)

DANS LE CAFÉ DE LA JEUNESSE PERDUE, *roman* (« Folio », *n° 4834*).

L'HORIZON, *roman* (« Folio », *n° 5327*).

L'HERBE DES NUITS, *roman* (« Folio », *n° 5775*).

28 PARADIS, 28 ENFERS, *avec Marie Modiano et Dominique Zehrfuss* (« Le Cabinet des Lettrés »).

ROMANS (« Quarto »).

POUR QUE TU NE TE PERDES PAS DANS LE QUARTIER, *roman* (« Folio », *n° 6077*).

DISCOURS À L'ACADÉMIE SUÉDOISE.

NOS DÉBUTS DANS LA VIE, *pièce de théâtre.*

En collaboration avec Louis Malle

LACOMBE LUCIEN, *scénario* (« Folioplus classiques », *n° 147,* dossier par Olivier Rocheteau et lecture d'image par Olivier Tomasini).

En collaboration avec Sempé

CATHERINE CERTITUDE. *Illustrations de Sempé* (« Folio », *n° 4298*; « Folio Junior », *n° 600*).

Dans la collection « Écoutez lire »

LA PETITE BIJOU (3 CD).

DORA BRUDER (2 CD).

UN PEDIGREE (2 CD).

Aux Éditions P.O.L.

MEMORY LANE, en collaboration avec Pierre Le-Tan.

POUPÉE BLONDE, en collaboration avec Pierre Le-Tan.

Aux Éditions du Seuil

REMISE DE PEINE.

FLEURS DE RUINE.

CHIEN DE PRINTEMPS.

Aux Éditions Hoëbeke

PARIS TENDRESSE, *photographies de Brassaï.*

Aux Éditions Albin Michel

ELLE S'APPELAIT FRANÇOISE..., en collaboration avec Catherine Deneuve.

Aux Éditions du Mercure de France

ÉPHÉMÉRIDE (« Le Petit Mercure »).

Aux Éditions de L'Acacia

DIEU PREND-IL SOIN DES BŒUFS ?, en collaboration avec Gérard Garouste.

Aux Éditions de L'Olivier

28 PARADIS, en collaboration avec Dominique Zehrfuss.

Composition PCA / CMB
Achevé d'imprimer
par Normandie Roto Impression s.a.s.
à Lonrai, en septembre 2017
Dépôt légal : septembre 2017
Numéro d'imprimeur : 1704217

ISBN : 978-2-07-274631-4/ Imprimé en France.

323254